U0629800

Akiko Busch

[美]阿奇科·布希

著

郑 澜

译

无隐私时代

How

to

Disappear

Notes

on

Invisibility

in

a

Time

of

Transparency

北京燕山出版社
BEIJING YANSHAN PRESS

献给科林、茱莉娅和康纳

云朵引人注目，却终究化为无形。

云朵如此，世间万象亦如是。

——约翰·伯格（John Berger）

目录

引言

越无形的事物，就越真切地存在于我们周围。

——约瑟夫·布罗茨基（Joseph Brodsky）

我好不容易才攀上搭在这棵不算高的白橡树上的简易平台。连年的疏于照料，使这棵树任性地长成了如今这副盘根错节的样子。木板平台在潮湿的环境中逐渐腐烂，原本搭在下方的梯子也不知被谁移走了。几年前，想必有位猎人曾将硬木板四平八稳地铺在这里，再用钉子将它们牢牢固定。如今，这座平台呈现出一种扭曲的整体面貌，却反倒因此与这片杂乱的森林相称，更显和谐。尽管如此，这块覆盖着苔藓的局促之地仍旧算不上一个惬意的落脚处，无法使人将周围的橡树、枫树、山毛榉、山核桃与白蜡树尽收眼底。站在这里，欣赏着眼下这片景色，我在脑海中思索这树林中还有什么是我看不到的。

3月初的天气，暖得有些不像话。按理说，纽约哈德逊河谷的冬天总能拖到3月份的尾声。但在2016年的这个3月，附近湿地里的鸟儿们早已开始叽叽喳喳地唱个不停。今天下午，林间地面潮湿，隐约可见几抹绿色的青苔，还有银色的地衣。疯长的野韭菜被一层干叶覆盖，冬青树上还垂着几颗残余的红色浆果。森林的穹顶豁出硕大的缝隙，午后的阳光倾泻在山上。我沿着山脊向上走，无意中惊起一只环颈雉鸡和两只东蓝鸲，引得它们发出一阵低鸣，与我的脚步声交织成和谐的奏鸣曲。远处传来几只乌鸦刺耳的叫声，仿佛在回应我的来访。乌鸦能认出人的相貌，但在它们眼里，我显然不是什么熟面孔——自我上次来到这里，已过去数月有余。

几米开外的地方，一只东方灰松鼠沿着枫树顶端的枝丫蹦蹦跳跳。它的双眼分置头部两侧，高度聚焦的广角视野使它无须移动就能看到我。不过，灰松鼠的眼睛对颜色只有中等敏感度，其晶体天生带有一种黄色色素，能够削弱炫目的光对眼睛造成的刺激。除视觉外，气味与光感对灰松鼠感知外部世界具有同等重要的作用。此刻，它对我的认知，由我的气味、轮廓阴影和实体形状共同组成。灰松鼠喜欢把窝建在树顶，乱糟糟地铺上一堆树叶、小树枝和树皮。每当天气回暖，叶子重新长出来时，灰松鼠的窝就被包覆起来，裹上一层天然的保护色。

大约30分钟后，一阵窸窸窣窣的响动瞬间引起我的注意。只见20英尺①处，一头毛色可与树皮和尘土融为一体的雌鹿突然停下来，歪着头，直勾勾地盯着我所在的方向。我的沉默和静立，让我在它眼里就像隐了形。一丛野草顶破积在地面上

---

① 1英尺≈0.3米，1英寸≈2.5厘米，1英尺≈12英寸，1英里≈1.6千米。——编者注，如无特殊标注，本书脚注均为译者注

的落叶生长出来，它小口小口地啃着，然后静静地穿过树林，经过平台，沿着山脊朝山谷走去。一只雉鸡迎面向它跑来，一边尖叫着，一边扑棱着翅膀。雌鹿见状，一跃而起，跳上了反方向的山丘。鹿无法像人类一样分辨颜色，它们拥有敏锐的夜视能力，能看见光谱中的蓝色、紫色以及人类不可见的紫外线波段，但它们的眼睛无法检测出红色与橙色。比起形状和颜色，声音和动作更能使它们注意到人类的存在。虽然我不知道在眼前这头鹿的视野中到底是何种场景，但在我的臆想中，它看见的可能仅仅是一片蓝紫色背景下的几个形状模糊的物体。

鸟的眼睛不仅能捕捉到人类视力无法捕捉的细微颜色渐变，其视网膜中丰富的锥体细胞也能够让它察觉到那些超越人类想象的丰富色彩。蛇类的头部两侧都有颊窝器官，用来探测存在于自身周围的物体的温度。它们还能通过红外线感知外部世界，借助生物的体温特征来追踪猎物所在的方位。蜜蜂可以通过紫外线看见人类肉眼不可见的花簇形状，进而确定花蜜的所在处。而且，它们的视觉感官对颜色的处理速度是人类的 5 倍，不仅能察觉出颜色在不同角度下产生的变化，还能感知我们看不到的"彩虹色"。我家厨房门外的黑心金光菊的花瓣上有我看不见的色轮，每年 7 月，当我撷取到一整片向日葵散发出的光芒时，那些真正发亮的花形其实被隔绝在我的视域之外。人类肉眼可见的光谱，不过是电磁波谱中的一小部分而已。世界之大，有的是我们看不见的闪耀之物。

有一种叫作"视觉盲区"的东西，或许可以作为我们讨论

"消失"与"重现"的起点。对于前文提及的雌鹿而言,它之所以看不见我,是因为我静止不动,而并非因为我的形体轮廓模糊不清,或是我穿了一件棕色毛衣。对于乌鸦而言,我这副陌生面孔才是它们的盲区。换作灰松鼠,它的视觉盲区是我的阴影轮廓。我自己的视野范围只有120度,在多数情况下只能看见自己周围的东西,所以我知道,那些昆虫、两栖动物、啮齿动物和鸟类常常会避开我的注意范围,召开秘密集会。可问题是,我们究竟该如何区分"真正意义上的不可见"和"正巧落入视觉盲区"的情形呢?

在森林里待了不到一个小时,我就对"不可见"的想法着了迷。在这里,我时常不经意地察觉到"隐形"事物的存在,这与"世事无常"的概念颇有些不谋而合的意味。我从中感受到一种内敛的优雅、一股审慎的力量,还由此得知在极度私密、独立的情况下,依旧存在着对外部世界进行深度体察与接纳的可能性。倘若你问我为什么会对这些不可见的事物着迷,我会说,这是因为这类行为在人类群体内部实在太过罕见。近年来,我们前所未有地忙于思考究竟怎样才能持续吸引他人的关注。

然而,我们人类也有各种各样"被看见"与"不被看见"的方式。我们对"不可见"的衡量标准不仅限于视觉,而且已经超越了物理意义上的电磁波谱范畴。熟悉的面孔、颜色敏感度与周边视觉范围,只是最浅层意义上的"可见"。无论在物理、心理还是科学领域,人类都创造出了数量庞大的战略方案，用以指导自身进入或离开他人的视野。这些方法有的摄人心魄、使人着迷不已，有的又带有欺骗、操纵的意味。它们或给人希望，或使人绝望。它们在亲和与疏离、逻辑与凌乱中摇摆不定。怪异之余，又难免笼上一层神秘的色彩。在今天这个透明化程度日益加深的时代，是时候让我们再次审视这些前人留下的创新策略了。

如今，曝光度已成为我们这个时代通用的货币，社交媒体的盛行以及监控手段无处不在的经济社会，共同颠覆了我们的生活方式。克里斯托弗·拉什（Christopher Lasch）在其1979年出版的具有里程碑意义的著作《自恋主义文化》（*The Culture of Narcissism*）中写道："当今社会的成功必须通过公示获得认可。"40年后的今天，人类对透明化的盲目崇拜以及无所不能的新式科技，完全应验了拉什当年的预言。活着就是为了与人分享生活的回馈，一个人活得好坏，不在于他真正做了什么，而在于被别人看见做了什么——这些早就成了人类社会中司空见惯的观念。

首先受到透明化风潮冲击的就是家，这个曾被认为是每个人都拥有的私密场所。托儿所里，接入互联网的婴儿监控设备配有高分辨率摄像头、内置麦克风和肢体动作传感器。尽管这些设备能使人对婴儿安全密切关注的需求得以实现，却也重塑了父母、婴儿与看护者之间的关系。能够连接 Wi-Fi 的芭比娃娃、内置蓝牙装置的小猫玩偶以及带有录音功能的泰迪熊，这些"联网玩具"虽然是互联网时代下与时俱进的产物，却也使孩子们的个人信息——住址、生日及照片等，随时面临被窃取的风险。厨房里的智能冰箱可以收集主人的购物习惯信息——这方面倒还好，但各种牌子的智能电视都在秘密追踪观众的收视数据，再转卖给广告商以使其得以向目标受众精准投放广告。真空清洁机器人可以记录房间摆设，亚马逊公司的个人家居助手"Alexa"提供的录音与行为记录甚至可以在法庭上作为呈堂证供。无论是发邮件、用谷歌、探讨某件事，还是搜索心仪的裙子、书、烤盘或草坪修剪机，只要联上网，我们就会被无形地追踪，等待我们的，会是永无止境的弹出窗口以及网页边栏里的广告。

　　走出家门，我们的定位信息依然逃不过电信公司的监控。经过收费站、刷信用卡、租车或者乘飞机，都会让大数据收集的个人信息越来越多。哪怕我们什么也不做，行车记录仪、后院摄像头，还有在银行、商场、加油站、交通枢纽、便利店以及街头巷尾的各式各样的微型摄像头与闭路监控电视也会默默地盯着我们。无人机越做越小，装载在上面的摄像头也越发精密，从播报新闻与路况到远程监控私人及商用财产安全，它们的用途无所不包。明星经常出没的纽约麦迪逊广场花园采用了一种面部识别软件来对付那些声名在外的狂热粉丝，并装备了新式雷达，用一些广告牌追踪附近司机的手机信号，从而使电信公司与广告商得以变本加厉地密切监视消费者的行为模式。2016 年，巴尔的摩市政府为了打击犯罪，不惜动用航空监控摄像头来监视方圆 30 英里内的街道活动，然而却没有一个人发现自己的一举一动其实都已经被摄像头记录了下来。还有一种更加贴身的智慧设备——"Snapchat Spectacles"（眼镜），用户只需轻轻按一下镜框，即可为当下所见的任何影像拍摄10秒短视频。

队伍日益壮大的电子消费品为我们带来了便利与效率，却也侵蚀着传统意义上的隐私。采用触摸屏设计的"FrontRow"项链式便携摄像头，可实现录像、直播和拍摄延时视频等多项功能。"Facebook Live"与"Periscope"等直播服务允许用户向全球观众实时直播日常生活，将我们对窥探他人隐私的狂热进一步推向高潮。随着物联网的不断扩张，家用电器、珠宝饰品和各类电子辅助装置对我们的数据监控只会有增无减。无论自愿与否，每个人都将被卷入隐私透明化的时代洪流之中，越陷越深：一方面，我们自愿佩戴Fitbits公司开发的智能手环，上传自己的实时方位信息，使开发商一览无余；另一方面，亚马逊公司已成功申请手环专利，将手环用于实时监控员工行动、去向和工作效率。我们内心的渴望、想法的转变、生活习惯和对各类新知的好奇既见证着我们生活中每分每秒发生的事情，又出卖了我们内心深处最隐秘的东西。2018年，当媒体曝出Facebook（脸书）将87000份用户数据开放给剑桥分析公司（Cambridge Analytica），用以分析2016年美国总统大选中的选民偏好时，标榜"互联互通"的社交媒体无疑不再是一个令人愉快放松的场所，它展露出了危险的一面，更使人不禁担忧"监控国家"（surveillance state）是否真的正在逐渐建立。

在隐私日益透明化的今天，一个新词应运而生：公共形象（optics）。这个词与光学没什么关系，它更多地影射了一个现象，即事件与问题的本质不及它给人带来的视觉印象重要。科技革命在改变信息传递方式的同时，也从根本上改变了我们向外界展现自我的方式。相应出现的新词"身份策划"（curating identity）指的就是自我宣传、打造个人品牌，以及在社交媒体上创建、培植各类形象，以便一个人从消费、社交、政治与专业等各个角度展示自我。在商品化程度逐步加深的今天，这种"身份策划"的能力被认为是富有市场价值的必需品。"数据生态系统"（data ecosystem）一词描述的是错综复杂的信息网络，在创造消费者行为模式的同时也不断地追踪着这种行为模式的转变。"神经政治学"（neuropolitics）指的是通过读取人的面部表情来帮助政治竞选团队更好地分析选民对某些政治候选人的反应。还有"草根名人"（microcelebrity），指的是红极一时但人气迅速衰退的普通人，他们通常是 Instagram（照片墙）和 Youtube（时人戏称为"油管"）上的活跃分子。

早在几十年前，"个人数据挖掘"（personal data mining）甚至还算不上一个有意义的词组，但在今天，它已成了"后隐私时代"的一个行业代名词。美国联邦通信委员会（Federal Communications Commission，FCC）历来致力于保护消费者隐私，持续对抗电信公司兜售通话记录等个人隐私信息的行为，早年甚至还禁止过影碟租赁店出卖个人租碟信息记录。然而，近年来，FCC 的监管力度持续下降，到了 2017 年，禁止服务供应商出卖消费者数据的相关监管措施已有所放缓，开始允许这些商家通过用户的网络浏览记录和网购历史数据牟利。

如果我们不想默许这种行为，不如索性用胶带封住智能手机和网络摄像头。Facebook 的创始人马克·扎克伯格（Mark Zuckerberg）和美国前联邦调查局局长詹姆斯·科米（James Comey）都曾公开承认自己使用过这种老掉牙的安全手段。在这一点上，英雄所见略同，因为我也这么做了。每天早晨打开笔记本电脑时，我都会看到这件小小的 DIY 作品——一块胡乱贴着的胶带。被贴住的地方像是代表着数字世界与物质世界之间尴尬关系的愚蠢标志，它试图让自己变得令人难以觉察，实际却显眼得可笑。

随着时代的变迁，曝光已由被动变为主动。在珍妮弗·伊根（Jennifer Egan）发表于 2001 年的小说《望着我》（*Look at Me*）中，模特夏洛特因一场车祸容貌严重受损，却仍然挣扎着重新建立、接纳自己的身份。对于个人职业选择，她这样解释道："被人关注的感觉如此重要，以至于像是唯一值得采取的行动。相较之下，我所做的任何其他尝试似乎都是被动的、徒劳的。"我同意这一点。在近期开展教学工作时的一个下午，我被校方派去接待一个前来拍摄校园生活纪录片的摄制组。我当即断定，如果这两位扛着摄影机的摄影师出现在教室，学生们肯定会变得扭捏。毕竟，摄影机会让学生们非常在意自己在镜头前的表现，课堂讨论也会因此变得生硬而尴尬，有的学生甚至可能因为害羞而不敢像往常那样积极地参与讨论。但令我始料未及的是，学生们突然变得更加活跃，不仅坐得比以往更直，发言时斟字酌句，甚至在援引时更加谨慎，更加在意出处的正确性。在摄影机前，他们的活跃度大大提升，让整场课堂讨论都焕发了生机。不过，造成这种现象的并不是站在摄影机前的行为，而是在摄影机前与他人进行互动、对话的体验。事后回想起来，我觉得这也不足为奇。毕竟，这些孩子打一生下来就频频暴露于镜头前。无论是他们学会迈出第一步、吐出第一个字还是自己第一次乘校车，都有人从旁记录下这些具有纪念意义的时刻。当然，在他们的心目中，镜头已不仅是一个让人身心愉悦的存在，还能给他们带来安全感。

但镜头难免让人分心。当一个人通过在公众面前展示形象建立自我身份时，必然会导致某些东西的丧失、某些自我身份的核心成分被稀释，以及某种权威感或隐秘感就此瓦解。人们似乎习惯将"不被看见"与"藏起来"画上等号，但事实果真如此吗？现在不但是提出这个问题的时候，还是我们重新评估低调生活能带来哪些益处的良好时机。在当今时代的滚滚洪流中，我们还可以试图寻找一些避免持续曝光的方法，并重新审视"不被看见""不被发现"或"被人忽略"等状态的价值所在。有没有可能"不被看见"并非简单地等同于"逃避现实"，而其本身就是一种有意义、有力量的条件呢？主动选择"不被看见"或许标志着一种从容不迫，昭示着源于内心的安全感。避免成为焦点的渴望，并非充满自负意味的自我孤立，也不是毫无意义的随波逐流，而是为了能维持自我身份、保护自我所有物、坚持自主并且维护话语权所做出的努力。它不是要我们逃避数字世界，而是希望我们在持续曝光的生活方式之外寻找某种真实的替代方式。它不是不假思索的抹杀，而是具有思想深度的觉察。这种"大隐隐于世"的生活方式，既不可耻，也不会让我们无功而返，这是一种适应当前瞬息万变的社会、文化及环境的必要之举。人类的努力可以是内在的、私人的、独立的。这种潜藏于心灵深处的态度不仅不会使我们感到痛苦，反而会让我们受益。

"不被看见"有时也能使人在非常时期活得更有尊严，并给人带来某些机遇。例如，名不见经传的小市民可以在公共场合抽烟或超速驾驶，等待他们的至多是一张普普通通的罚单，而不会是手铐或身陷囹圄的可怕代价。在诸多普通犯罪案件中，不起眼的人反而能躲过风口浪尖，逃避制裁。但话说回来，从数字世界中暂时抽离、隐退或断开链接，还只是职业人群、学术人士或商界精英的专属奢侈品。我认识一位年轻教师，他正努力从客座讲师晋升为正式教授。这位教师用不以为然的口吻告诉我，一群CEO组团前往摩洛哥旅行，期间"所幸没有社交媒体打扰这段清净的愉悦时光，但如果换成他们手下的员工做同样的事，就会落得被炒鱿鱼的下场"。对其个人经历，这位年轻教师还坦言道："如果我不再对外宣传自己，下一学期很可能就会丢了饭碗。我作为教师的全部价值并不取决于自己投入课堂教学中的沉寂时光，而在于我的社会曝光度有多少，或是我在出版物以及新闻通稿中看上去有多么酷炫。"

对于游走在社会边缘的人群而言，"不被看见"有着不同的含义。这些人由于经济状况、种族和社会地位等原因，成了被排挤、疏远和严格监控的对象。因为几乎没有存在感，这些人在社会中如同隐形。我曾在纽约市区看见一个流浪汉坐在街边，用膝盖支撑着一块手写的标识牌，上面写着"我们或许被忽视了"几个字。由于"不被看见"使人容易联想起社会边缘人群，所以它也被笼罩上了一层负面色彩。无论主动还是被动，只要是"隐形"的人，就会自动与粗鄙、偏见、羞辱和失败画上等号。诚然，其中一些人的确存在这样的问题，但还有一些人，他们可能是生活富庶的退休人员、不算年轻的女性，或是苦恼于自己没那么多Twitter（推特）"粉丝"的千禧一代，难道这些人也是社会的负担吗？"不被看见"在不同的情境下可以有截然不同的作用，它有时是我们逃避现实的手段，有时又能帮助我们达成某些目标。鉴于它集太多含义于一身，我们有没有可能将这些含义暂时搁置一旁，转而在"不被看见"的群体中挖掘出更大的人类价值呢？

至少，"不被看见"的人并没有很强的虚荣心。在社会交往极受追捧的今天，社交联系的增强，必然伴随着个人隐私的曝光。网站、论坛、社交媒体和通信软件不仅极大地提升了我们的自我存在感，还帮助我们与外部世界建立了某种联系，增强了我们的互动意识。网上社区摆脱了地理与政治上的边界，培养起一大批忠实用户。这些社交网络使不同背景的人得以互相联系、交流思想、分享经历、探讨知识。在某些情况下，正是社交网络的隐蔽性为其发展壮大提供了温床。我认识的一位管理顾问告诉我，人们在虚拟世界中同样可以碰撞出思想的火花，而且挣脱了性别、年龄、种族与社会地位的束缚。他说："这种'去标签化'的沟通机制，使每个人的声音都更有可能被他人听见。据说，为网络社区贡献最多的人，往往是现实生活中性格内向、甘居幕后的人。"

然而，这也伴随着个人隐私的持续暴露。最近，我有一个朋友关闭了个人网站。她是一位小有名气的作家，著有好几本书和无数篇文章。她在博客上与读者互动，接受过国家级电视台的采访，并带着自己的工作心得，在大半个美国做了巡回演讲。她的观点被主流媒体广泛讨论，有些甚至在公共对话中被提及。个人网站是她与读者联系的纽带，早先每天约有 150 人的访问量，而她某次在媒体报道中露面后跃升至近 1500 人。"这是我用来出售自己的书的流动摊位，"她说，"这种充满活力的交互方式是我和外部世界彼此联系的桥梁，它为我打开了一扇通往外界的大门。当它消失时，就好像我的个人身份也随之消失了一样，没有人能够找得到我，我成了一个隐形人。"她将网络视为连接自己与读者社群的一条透明丝线，并将这次网站关闭事件形容为一次重大打击。接着，她停顿了一下，继续道："如果说我这个人的构成有 100%，那我现在只有 2% 的部分感觉良好。"

这 "2%" 的比喻使我兴味盎然，因为它可能正是为 "隐形状态" 正名的契机。通过剖析这 "2%"，或许我们才能有自信地说，"隐形状态"的意义远不只是表面上那样简单，还可以重新将其考虑为积累人生阅历的积极条件。不被人注视的生活方式正重新引起人们的兴趣。事实证明，社会曝光或许并不如我们想象的那样重要。大约自 2012 年 Snapchat（一款具有"阅后即焚"功能的照片分享应用）面世以来，越来越多的人开始意识到这一点。在时尚界，一些设计师已经开始主动放弃对品牌名称的强调。最近，某新晋时尚创业者被媒体形容为"神龙见首不见尾"。尽管媒体对他趋之若鹜，却怎么也拍不到他的照片。据称这位设计师平时爱以"伪装"示人：牛仔裤配格子衬衫，衣衫不整，脚上穿一双登山靴。生活中，许多年轻父母已不愿在网上晒出孩子的照片。我有一个朋友，前不久刚抱上孙女，小孙女睡着时可爱的样子让她情不自禁地拍了好几十张照片。谁知，她那 30 多岁的儿子却对她抱怨道："妈，拜托，你自己看看她就行了！"还有如今的新生代青少年，对于在社交媒体上公开个人约会经历非常谨慎。或许是因为过度频繁的"自尊"行为容易发展成对他人空间的侵犯，包括罗马斗兽场、法国凡尔赛宫、麦加古城、美国"Lollapalooza"音乐节、悉尼歌剧院和迪士尼乐园在内的各大知名场馆，均已禁止游客使用自拍杆。

一夜之间，大街小巷好像充满了各式各样关于保护隐私的新鲜点子，它们越来越多地被市场化和商业化。某天下午，我走在纽约曼哈顿街头，途经一家名叫"匿名"的美发沙龙，又路过一家叫作"隐舍"的餐馆，两者不过相隔一两个街区。前段时间，妮维雅（Nivea）发布了一款名为"黑白无形"的新品除臭剂，其卖点在于去除异味的同时，不会使任何一种颜色的衣服染色。这种带有超现实主义色彩的命名方式不禁使人联想到，"隐形"或许也可以是日用品领域的一种进步。最近，科技圈时兴起一款名叫"Blind"的聊天应用，它允许科技公司的员工在上面匿名讨论薪水、办公室等级制度和公司政策等敏感话题。还有一本名为《隐形的艺术》（*The Art of Invisibility*）的新书，为人们保护个人数据提供建议，如设置加密算法、强密码、生物锁等，并就如何建立另一个身份提供思路。作者甚至宣称，这个新身份"可以完全与你本人无关"。

最近有一部虚拟现实题材的电视连续剧《隐形》（*Invisible*），讲述了纽约市一个显赫家族的故事。这个家族的财富、地位乃至对全球经济的影响力好像都来自这家人与生俱来的隐藏技能。"每个家庭都有秘密"，这部剧的宣传标语如是说。2015 年"超级碗"赛事期间，电视上播出了女演员敏迪·卡灵（Mindy Kaling）为美国全国保险公司拍摄的一支广告。在这支广告中，卡灵饰演的是一位总是被人忽视的有色人种女性——无论是漫步于洗车中心、在中央公园裸体做瑜伽，还是在超市过道上边走边享受着一大桶冰激凌，她都如同隐形。广告中的卡灵大口地呼吸着自由的空气，因不为人所注意而感到心满意足。

2015 年秋，一件材质为聚酯纤维的黑色紧身衣成了当季最受欢迎的万圣节装扮服饰之一。这件衣服充分贴合人体，虽然使个人身材显露无遗，却也为穿着者提供了一道与黑夜融为一体的保护色。穿上这件"隐身衣"后，大人物也会化身为默默无闻的小人物。孩子们一改往年披上白色床单扮幽灵的老派作风，纷纷穿上这件紧身衣，这样，他们也能轻而易举地"隐身"了。被隐藏起来的并非真实的肉身，仅仅代表着个人身份的暂时消亡。他们并非幽灵，却也不是任何人。那年万圣节，有个孩子正是穿着这样一件紧身衣，神不知鬼不觉地穿过我家门廊。尽管我不太了解她为什么会选中这样一件衣服，但我猜这可能与她从小在"众目睽睽"之下的成长经历有关：出生后就被摄像头拍着，在保育院里被监视着，第一次说话和刚刚学会走路的点滴时刻也都被一个不落地记录下来。有个朋友最近告诉我，她那两岁的孙女已经学会如何在手机摄像头前摆造型了，知道如何伸展小腿，也知道以哪种角度扬起自己的小脸会显得更加可爱。

试问，在全副武装式的黑色紧身衣面前，哪个孩子或成年人能做到无动于衷呢？又有谁不想时不时地"消失"一阵子呢？在这个个人隐私日渐消亡的时代，"大隐隐于市"在某种程度上已成了一种特权，自带神秘又迷人的光环。或许正因如此，奢侈品行业也开始在品牌宣传中引入此类元素。劳斯莱斯"幽灵"（Ghost）系列车型售价为 31 万美元起、噪声小、动力强、风格节制、操作简单以及具备"呵护你不受外界干扰"的性能正是其主打卖点。其网站上的宣传标语——"风格的本质。新的篇章。我是'幽灵'。"——低调又不失霸气。光是想象一下自己处于私密的空间内，如"幽灵"般安静地随车穿梭，就让人不禁心驰神往。它是一件奢侈物、一件商品，也是一种特权身份的象征——它正是人们渴求的东西。在赫伯特·乔治·威尔斯（H. G. Wells）和拉尔夫·埃里森（Ralph Ellison）的小说中，隐士般的主人公在静默中爆发力量已不是什么新鲜题材。在威尔斯于1897年发表的科幻小说《隐形人》（*The Invisible Man*）中，主人公格里芬是一名自称"实验研究者"的物理系天才。为了成为梦寐以求的"隐形人"，他发明了一种药剂。他先是用这种药剂在猫身上做试验，不仅使猫通体变白，还使它精神失常。后来，格里芬走火入魔，不惜将这种药液注射进自身体内。对于自己的行为，格里芬这样解释："（隐身术）凌驾于魔法之上。我毫不犹豫地认为，一个人在隐身后反而能拥有更广阔的视野。神秘、力量和自由，无一不在他身上实现。至于缺点，我尚未发现。"秉持着对"隐形"的仰慕，也为了满足个人的求知欲、为自己提供便利，格里芬的追求竟然真的通过他发明的药剂实现了。可在将自己隐形后不久，格里芬就变得道德沦丧，甚至抢劫了自己的父亲。最终，他发现，自己无法逆转隐形的过程，再也恢复不到原本的状态。为了表现出这种被迫永远隐形的绝望，经过改编的同名电影中的画面展现堪称经典：格里芬头部绑着的绷带缓缓解开，里面空无一物；白衬衫在房间里飘浮；自行车独自在路上行驶；香烟孤独地悬在空中。直到死后，格里芬才得以恢复真身。整部小说和影片都在传递着这样一则信息：科技进步可能会剥夺我们的身份与人性。

1952 年，埃里森也出版了一本名为《隐形人》的小说。这部小说的主人公是个没有姓名的黑人，努力在美国社会中打拼。作为一个社会中的透明人，他承载着美国白人群体对有色人种的假设、信念和期望。小说开篇，这位主人公就独白道："当他们靠近我时，只看见我居住的环境、他们自己或他们想象中的虚构元素——事实上，他们看见了一切，却唯独没看见我本身。"尽管被视为隐形，他却仍然必须戴上假面，使用假名，荒唐地活成别人的样子。

编剧玛丽·蔡斯（Mary Chase）也在 1944 年的一个知名剧本中塑造了一个名叫哈维的"隐形人"形象。哈维是一只 6 英尺 3 英寸高的兔子，会说人话。蔡斯创作这个剧本的灵感源于自己的一位邻居。在独子不幸为国捐躯后，这位邻居依然日复一日地上着班，直到被单位无情地辞退。哈维的原型取材于凯尔特神话，这只人类无法以肉眼看见的兔子是一位哲学家，也是人类臆想出来的朋友、参谋以及来自精神世界的亲善大使。它主张待人友善，反对人与人之间精于算计，这种思想与当时疲于战争的美国国内环境产生了共鸣。它令人生畏，尽管它的形象滑稽，但它的存在促使人们开始思考关于精神疾病、酗酒恶习、社会规范还有人类的想象力所具有的力量等问题。

大学时代的一个夏天，我在某剧院打工，恰逢这部剧在这家剧院上档，于是我一连两周每晚不落地反复观看了这部剧。大约 40 年后的今天，我突然发现自己已经记不清那只硕大的兔子当初是否真的出现在了舞台上。但我分明清楚地记得那只有着雪白爪子和竖直耳朵的大兔子赖在壁炉边的摇椅里、跷着二郎腿的慵懒样子，我甚至仿佛能听到它在我耳边轻声细语。然而，最后我意识到，大兔子自始至终都没有出现在舞台上，甚至连声音也没有发出过。它的存在完全仅仅通过舞台剧演员的对话和行为加以表现。这场误会不仅证明人类的记忆可以凭空捏造出许多东西，还告诉我们看见与不被看见之间并非泾渭分明，它揭示出，人类想象中的观点与图像可以从虚无化为有形。我在这里将兔子哈维与威尔斯笔下的格里芬或埃里森塑造出的无名主人公相提并论，并非有意抬高哈维的艺术贡献。毕竟，威尔斯与埃里森的小说以十分犀利的笔触，对当时的社会弊病进行了切实的抨击，因而具有更高的艺术价值与社会意义。我借用这只好心兔子的故事是想让大家知道，看不见的东西有时反而能给我们的生活带来智慧和启迪，帮助我们参透一些平常不易理解的真相。它们也可以拥有自己的一番天地。

如今，我们赖以生存的世界好像越来越让人捉摸不透。我希望，这世间有多少展示自我的方式，就有多少隐藏自我的途径。尽管数字时代使我们近乎无所遁形，却还是为我们提供了各种隐藏自己的可能。例如，市面上出现了不少用于隐匿身份的装置和增强现实（Augmented Reality，AR）设备，甚至有一种反光服装材质，可以利用红外线扭曲物体在人眼中呈现出的形态，与人类的视觉开玩笑。

可即便有了这些技术，在21世纪的今天，横亘于"视觉"

和"认知"之间的鸿沟还在不断拉大。人类已经了解到，宇宙中含有抽象的、无法察觉的暗物质与暗能量，也正是它们驱使着宇宙持续扩张。据称，暗物质约占宇宙已知容积的27%，暗能量占68%，剩下的可见物质占比不过5%。在其著作《意外的宇宙》（*The Accidental Universe*）中，物理学家艾伦·莱特曼（Alan Lightman）将看不见的物质分为以下五类：第一类是不断膨胀的宇宙；第二类是地球的自转和公转；第三类是微波和无线电波；第四类是时间的延展；第五类则是亚原子粒子的波动本质。他还写道："人类已对这些领域的知识进行了探索，建立起熟悉感，更不用说还据此发明出新的技术了。"换言之，即便我们看不见某种东西，也并不代表我们无法认识它。

　　不过，与人类建立起熟悉感的"看不见的东西"，并不仅限于宇宙中的暗物质与暗能量。不必多言，我们每个人每一天每时每刻都被各种各样看不见的东西围绕着。尽管无处不在的监视和大行其道的社交媒体或许让我们很难相信这一点，但我们的想法和信念本身，甚至包括我们所有的情感联系和宗教信仰，在本质上都是肉眼不可见的。或许，我们之所以会对看不见的东西感兴趣，是因为我们渴望隐藏自己。在理智驱使的生活和行动之下，还深藏着我们的热望、恐惧、希冀和动力。正如人类已经逐渐了解到可见光只是电磁光谱中的一小段，我们也知道，人类目前已知的知识与经验只是冰山一角，我们周围的世界堪称一部奥妙无穷的百科全书。难怪英国作家大卫·米切尔（David Mitchell）在《云图》（*Cloud Atlas*）中写道："权力、时间、重力和爱，这些举足轻重的东西全都是肉眼看不见的。""不可见"这个词覆盖的疆域本身正在不断扩大。

在2014年出版的《隐形人：感谢职场中的无名英雄》（*Invisibles: Celebrating the Unsung Heroes of the Workplace*）中，作者大卫·茨威格（David Zweig）详细地列举了人类行善的方式，并使我们看到，有些人可以在毫不顾及个人利益的情况下做出善举，只为从中获得巨大的个人成就感。正如茨威格所指出的那样，有人在职业上取得成功，"不为哗众取宠，只为尽忠职守"。这种想法在今天可能显得有点匪夷所思，但在上一两辈人看来，或许这就是天经地义的事情。茨威格还发现，无论从事何种职业——核查员、香氛设计师、结构工程师还是剧组道具师，能在自身领域内取得成功的人都兼备三个共同特点：不太愿意受人瞩目，对工作一丝不苟，并且具有强烈的责任感。

我同样在我身边那些低调的人身上观察到了这些特质。一位朋友从事电影特效制作，却不喜欢自己的名字出现在片尾的演职员名单中；另一位从事木雕设计的朋友，从不在自己精心雕琢的作品上署名；还有一位平面设计师朋友，当初选择这份职业的原因很单纯——它允许从业者默默无闻。"我不知道平面设计师应该是什么样的，"她对我说，"没有人在乎我是谁、长什么样，我也不想被人关注，只想将全部注意力放在工作上。"在这方面，茨威格也写道："无名英雄们纯粹想从工作中获得满足感，而不太想引人注目。这种根深蒂固的本质特性值得我们每个人追寻。职场上的无名英雄不是一群特立独行的人，他们和我们一样，只不过甘愿安静地待在自己领域中的一隅，处在我们生活光谱的最远端。以不同的角度、不同的方式、不同的背景去观察，其实我们都有可能成为无法被看到的'无名英雄'。"同理，在建筑和设计领域，"隐形"也是一种平凡的美德。德国工业设计师迪特尔·拉姆斯（Dieter Rams）认为，伟大的设计不会引人注目。当使用者拿起笔、坐在椅子上或轻松地走进建筑物时，自然而然地就知道自己要写字、休息或进入另一个环境中去，全然不会记起设计目的本身。还有咖啡壶、剃须刀和键盘等物品，凭借自身形态就能巧妙地传达其用途。在拉姆斯作此言论10年后的今天，加拿大设计师布鲁斯·毛（Bruce Mau）再次强调，好的设计应当是隐形的，如果哪一天它开始受人瞩目，也就表明它到了该寿终正寝的时候。在当今这个信息时代，隐形的设计承载着越来越重要的价值与意义。新一代的建筑师开始意识到，建筑作品的伟大之处不仅在于形态和构成，还在于建筑师为其营造的环境、气候、能量和生态系统。无形的光照、空气、热度和整个环境的氛围所具备的重要性并不亚于传统的有形建筑材料[1]。

2016年秋，纽约市现代艺术博物馆（Museum of Modern Art）举办了一场主题为"积尘"的有声展览，可以说是对那些平日里毫不起眼的物件的一场盛赞。这场展览展出的并不是馆藏的大师级杰作，而是些采集自壁架、窗棂、廊道、百叶窗或者镜框等处的尘土，旨在唤起观众对日常生活中尘土般不起眼的物件的注意，并展现出这些物品本身蕴含的艺术感。博物馆的空气过滤系统经过了严密检查，以确保这些最难清洗的艺术品不受损害。或许是不希望观众抱着看好戏或嘲讽的心态来观展，主办方才不断地提示观众，即便是尘土这种微不足道的东西，也包含着某种神性的成分。毕竟，我们生于尘土，也终将归于尘土。

话说回来，诗歌可能是最适合表达出"不被看见"的状态的媒介。华莱士·史蒂文斯（Wallace Stevens）说过，诗人是"无名小卒的神父"。纳奥米·希哈布·奈伊（Naomi Shihab Nye）以轻松的人生之旅为主题，创作出了《消失的艺术》（*The Art of Disappearing*）一诗。如果被人在杂货店里认出来，奈伊建议"这个人应该点头示意，然后像棵卷心菜一样继续不动声色"。她还提议："走路时感觉有如一片树叶，知道自己随时可能飘落，然后趁机想想该如何打发时间。"这片看不见的树叶没有侵犯他人，也不会趁火打劫，更不是试图逃之夭夭。奈伊所主张的，只是默默地存在于未被注意到的地方而已。

奈伊心中的森林枝繁叶茂。我可以告诉你，"不被看见"意味着什么，它不是寂寞、孤独、秘密或沉默。虽然这个主题在本质上难以参透，但我仍希望在这方面为大家提供一些参考，使我们重新与"看不见的世界"建立联系，重新审视、构建我们在其中的位置，获得更活跃的参与度和创造力。找到不被人看见的诸多方法是一种极具实践意义的行动。默默无闻先是一种自我保护，之后很快就会演变成一种自立的态度，演变成一种深深的自我满足感和归属感，让我们对自己是谁，以及自己适合的位置有更深的了解。

不被看见是一个变化多端的想法，可以有许多层含义。有时，它仅仅指在范围上或对重要性层面而言的降级；有时，它带有贬义，指的是一种蛰伏的状态，随时准备去颠覆、去欺骗；有时，它是一种心灵上的空虚，一种逐渐消弭，直至最后消失不见的行为；有时，它甚至还会伴随着武断、残暴和丧失等行为的发生。例如，罹患自闭症的孩子原本有那么一点点的个人身份意识正在萌芽，却终因疾病而被迫丧失。还有刚患上阿尔茨海默病的老人，原先显著的性格特征好像正随着病程的进展一步步消亡。对于深受社交恐惧症困扰的人而言，消失在人群中可能令他们求之不得。总之，不被看见可以是一种隐喻、一个与视觉开的小玩笑、一种心理状态、一种物理层面的意义，或是一个神经科学问题。它虚实不定、可强可弱、亦正亦邪，既可能是主动选择的结果，又可能是被迫陷入的状态。它可以是模棱两可但让人心痒难耐的，也可以是直截了当到近乎淡而无味的。不被看见的状态通常被认为与违法乱纪脱不了干系，带有犯罪、脱责、欺骗或窃取的消极意味。但在我看来，事实可能恰恰与此相反。

一个人既可以独自消失，也可以和他人一起欢腾着隐没于视野之外。集体亢奋（collective effervescence）指的就是一个社群的成员自发性地交流思想并在行为上直观地集体采取相应行动进行协作的现象。不被看见的状态并没有时间限制，可以是短暂的，也可以是持久的。我们大可遵从古罗马作家老普林尼（Pliny the Elder）在公元 1 世纪写下的箴言，找一块带着红色斑点的碧石，还有一株正值花期的向日葵，然后唱起一系列的歌来 [2]。民俗学家斯蒂斯·汤普森（Stith Thompson）列举了可能存在于隐形状态中的一系列构成要素，包括一朵花、一支蜡烛、一块石头、一张面具、一粒种子、一个鸟巢、一棵草本植物、一件衬衣、一把剑、一面镜子和一颗动物的心脏 [3]。在我家门廊前的那根藤蔓上停驻着的竹节虫是隐形的，它一动不动，不仔细看就只是一根小树枝，却又如此真实地存在着。作为冰岛神话中 13 位圣诞老人之一的葛力·高克（Gully Gawk）也是隐形的，他怪异又神秘，喜欢从成桶的鲜奶中偷偷捞走浮在表面的泡沫。

接下来，本书呈现给大家的，既不是什么物理学讲义，也不是新技术入门指南。让自己不被看见的途径有许多种，有些更微妙的方式可以帮助我们逃离社交媒体与信息监控。在属于自己的时间里，我们可以少发些微博，读读马克·斯特兰德（Mark Strand）的诗，或者专心学习潜水。

我个人逃离公众视野的旅程从与大自然的亲密接触开始。置身其中，会发现自己内心被人注意的渴望其实比想象中要少很多。在这里，"不被看见"是一种力量，而非弱点。正如美国博物学家约翰·巴勒斯（John Burroughs）在其文章《看见的艺术》（The Art of Seeing Things）中写道："鸟类，动物，所有野生生物，大多数都在试图逃离人类的观察范围。鸟儿将艺术凝聚于自己筑起的巢，人所追寻的艺术就是使自己变得不受瞩目。"不过，离开大自然后，我又回到纽约市的一张咖啡桌旁。我还去了罗切斯特市的一家物理实验室，还有位于布鲁克林区的一家虚拟现实体验馆。整个旅程始于人流高峰期的纽约中央火车站，一直到大开曼岛附近的珊瑚礁，最后在冰岛某海港小镇的一条岩石裂隙处画下句点。

现在的我终于明白，自我消失后，人的同理心可能继续存在，甚至有增无减。在海平面以下的世界里，万物沉寂，物理意义上的有形和存在变得不那么绝对。但在冰岛的陆地上，一切都成了想象力的产物。在那里，人们相信无形的人也是那个国家历史与地理的一部分，而这也与我们在数字领域中的人格构建密切相关。这个世界上可能还有许许多多的地方——只是超出了我的认知范围而已，但它们都印证着同一个道理：在人类体验过的所有不同的领域中，无论是谁都可以将自己的身形隐匿。这些体验使我们有幸得以重新审视自己在社会中的位置，躲开无处不在的闪光灯，转而找寻只有在远离外部视野、独自面对内心时才能获得的强有力的独特内在性。

从个人经验来看，我认为远离公众视野的尝试大致包括两层含义：一方面，看不见的世界囊括了所有人、事、物及平时不那么显眼的行为；另一方面，我们自身是否有能力主动选择隐匿，或许又是另一回事。我越来越强烈地意识到，这些体验之间并非泾渭分明，反而时常容易出现交会。看不见的世界就在我们身边，而我们自己，也可以成为其中的一员。

20 世纪 70 年代末，当美国历史学家克里斯托弗·拉什表达对自己默默无闻的时光的怀念之情时，却不知道英国政治家、哲学家埃德蒙·伯克（Edmund Burke）早在 1757 年就发表了一篇与此观念不谋而合的文章，名为《从哲学视角探究崇高而美丽的人类思想起源》（*A Philosophical Enquiry into the Origin of Our Ideas of the Sublime and Beautiful*），其中提倡所谓的"审慎的隐秘"。在伯克看来，让人类为之神往的正是那些未知的、看不见的东西。他在文章结尾写道："（诗）的隐秘性，虽然使它比其他艺术形式更笼统，却也平添了一种凌驾于热情之上的力量。我认为，在若干种因素的同时作用下，人类生来就对隐秘的想法更为着迷。只要加以正确的表达，隐秘的想法甚至比显而易见的想法有着更强的影响力。"在这方面，英国作家阿道司·赫胥黎（Aldous Huxley）的表述则更具神秘感："我害怕失掉自己的隐秘性。就像芹菜一样，真实在暗处才能蓬勃生长。"

我想，较以往而言，这种观点或许与我们今天的生活关联更为密切，必要性更强。这并非因为我们应当更加谦逊、保守、审慎或内向（哪怕这些品质对我们有好处），而是因为地球上的温室效应正在加剧。在不远的将来，全球人口就会突破90 亿大关。届时，人类恐怕别无选择，不得不重新审视自己在世界中的位置。具体而言，我们可能需要重新评估个人身份及其弱化后的结果，以及思考我们应如何看待自己与这个世界的关系。我们每个人，其实都没有自己想象的那样重要。

当美国陶瓷艺术家伊娃·蔡塞尔（Eva Zeisel）被问及如何做出美的东西时，她那广为人知的回答是：

放下自我就好。

第一章　看不见的朋友

每个人都是隐形的，只是程度不同。

——玛丽娜·华纳（Marina Warner）

我的儿子卢西恩在他两岁时，把他奶奶的一对金耳环扔出了窗外，这是他因不愿睡午觉而做出的抗议。尽管我对他适度教育了一番，但同其他许多家长一样，我的好奇心闸门也因此打开：这是儿子有意为之的重力小实验吗？他是想待会儿去外面找回耳环私藏起来，还是纯粹出于讨厌才扔掉它们？莫非一个小贼正好被我抓个正着？虽然他态度坚决，但这背后到底在酝酿些什么呢？当然，小孩子才记不住这种事。即使他真有什么计划，恐怕也早就抛到九霄云外去了。

后来我才明白，低龄儿童出现这类行为并非反常，这是他们对周遭世界的探索。通过这种行为，他们发现自己可以使某个物体从视野范围内消失。这一心理意象被儿童心理学家称为"客体永久性"（object permanence），最早见于五六个月大的婴儿，指的是人或物体即使在不被肉眼所见的情况下也是继续存在着的。"客体永久性"是儿童身心发展过程中的一座里程碑，形成"客体永久性"概念的婴儿会有一种安全感，知道妈妈（奶嘴、奶瓶或摇铃等一切相关物体）即使暂时离开，也会回来。正是在这个阶段，婴儿开始意识到一个令人兴奋的事实：即使某个物体离开视野范围，也不代表它必定不复存在。从此，隐私概念开始萌芽，难怪"躲猫猫"游戏能成为人们童年生活中巨大的欢乐源泉：我看不见你，但我知道你还在那里；我看不见你，但你能看见我。这虽是一项悖论，却时常带来欢声笑语。一个人与看不见的世界建立关联，或许正是发端于"客体永久性"概念的形成。

不过，这只是孩子们在玩乐中体验"消失"的方式的起点。

在人的整个童年中，事物的消失与出现、离去与归来、隐藏与发现，是各类游戏的共同主题。当我自己的孩子还在蹒跚学步时，最让他们兴高采烈的事情莫过于把自己整个藏在被子里、毯子下或大衣中。他们会制造出些许动静，有时忍不住偷笑甚至尖叫，仿佛在故意宣告"我就在这里"，接着，他们会静静地等待。不一会儿，又会听到那边传来一阵笑声或是些轻微的声响。通过这种方式，孩子们发现自己能够影响、控制被人发现的进程。在"消失"的过程中，他们感受到一种对力量的掌控。

随着年龄的增长，更复杂的"捉迷藏"游戏使孩子们得以进一步安全地探索"消失"的力量，以及感受伴随"被发现"而产生的刺激感。正是在"儿童"这一完美的小小样本上，精神分析专家 D. W. 温尼科特（D. W. Winnicott）才有了这样的观察："把自己藏起来让人身心愉悦，但不被人找到又是一场灾难。"如果说"躲猫猫"事关儿童认知能力发展，那么"捉迷藏"则与培养人的情绪控制能力有关。在儿童心理学领域拥有丰富经验的心理治疗专家大卫·安德雷格（David Anderegg）表示，"躲猫猫"是一个思维过程、一种问题解决方式，而"捉迷藏"则与情绪觉察及心理感受管理有关。"'捉迷藏'的乐趣在于，孩子们在藏起来的过程中能够体会到一种力量感，并深信自己被人记在心上。"安德雷格表示，"藏起来的孩子知道自己渴望被别人找到，等自己真的被人找到时，又进一步印证了他们之前的想法[1]。"他还指出，假如某个不知情的孩子一直躲在树后或阶梯下等待被人发现，到头来却发现游戏早已被叫停而没有人在找自己时，这个孩子就会感到极度痛苦。由此或许不难引申出，以"消失"与"被发现"为主题的各类游戏活动，其实都给孩子们早早地上了一堂关于"自主"的课。

难怪儿童文学中充满了各种各样可以使人隐形的道具，比如斗篷、帽子、戒指、盾牌还有魔法药水。这些故事用天马行空的叙事方式向我们证明，在孩子们学习成为更大世界的公民的同时，"消失"也有着让想象力驰骋的力量。这种力量启迪着他们，又保护着他们，使他们受益终身，还为他们架起了一座通往知识的桥梁。在格林童话《十二个跳舞的公主》（*The Twelve Dancing Princesses*）中，一名随行的士兵正是靠着"隐身披风"才能尾随公主们渡过淌着银子的湖泊，又进入金子做的树林，最终解开公主们夜间去了哪儿，以及与谁共舞之谜。哈利·波特也有一件"隐形斗篷"，它足足拥有 700 年家族历史，能挡下所有咒语和"黑魔法"，助他毫发无伤地化解种种劫难。在连环漫画《凯文的幻虎世界》(*Calvin and Hobbes*)中，主人公凯文坚信自己能在必要时刻隐身，就连他的妈妈也对儿子拥有这项特异功能深信不疑。某天，他服下了所谓能够使他隐身的神药，然后试图通过偷饼干的行为来测试自己到底成功了没有。

　　安徒生于 1845 年创作的童话作品《钟声》(*The Bell*)有着更为恢宏的故事架构。故事中，某个村庄的居民总能在日落时分听到远方传来神秘的钟声。为了找到钟声的来源，他们去往森林。可有的人却开始垂头丧气、止步不前；还有一些人干脆将神秘钟声归结为幻听，而实际上这种诡异的声音可能只是来自栖息在中空树干里的一只猫头鹰而已。最后，一个王子和一个穷苦的小男孩经过艰难跋涉，找到了神秘钟声的来源。他们越过荆棘交错的黑莓丛，踏过遍布木百合与天蓝色郁金香的草坪，穿过橡树和山毛榉树林，越过横在前方的巨石，行过生满苔藓的森林，最终来到海边。在日夜交替之际的阈限空间中，那口看不见的钟再次鸣响。钟声在森林、海洋与天空间回荡，整个大自然有如一座教堂。读这篇童话的孩子在自己的精神世界里恣意徜徉，为他们插上想象的翅膀的正是他们纯净的心灵、与生俱来的信任以及对万事万物的好奇心。

孩子们也能通过物理空间体验"消失"的感受。伯内特夫人（Frances Hodgson Burnett）的名作《秘密花园》（*The Secret Garden*）对于英国儿童来说是一个耳熟能详的经典故事。主人公是一个性情乖戾、不受疼爱的小女孩，她在约克郡的一片寒冷荒原上发现了一座环绕着围墙的神秘玫瑰园。在这座秘密花园中，她不仅收获了友情，还学会了如何爱与被爱。正如刘易斯·卡罗尔（Lewis Carroll）笔下的爱丽丝不小心掉进"兔子洞"，凯·汤普森（Kay Thompson）塑造的艾洛伊丝①能够在广场饭店中自如地穿过一条又一条只有她知道的秘密通道与走廊，儿童探索世界的途径通常带有隐秘性，隐形的房间、花园、树林、树屋、灌木丛、衣橱、阁楼一角、台阶下方的间隙、河上漂浮的筏子或是内部空间仿佛无限大的家具——比如C.S.刘易斯（C. S. Lewis）构想出的那个大衣柜，它是通往纳尼亚王国的大门，在门后的森林里生活着各式各样神奇又神秘的生物——都是他们的秘密王国。人们可以消失在这些看不见的未知之地，有时是为了独处，有时是想要逃避现实，有时只是黄粱一梦，有时又希望企及一些有关人类与精神世界的难以参透的奥秘。而让孩子的想象力肆意驰骋²的，也正是这些未知之地。"全人类共有的权利到底始于何处？"美国前第一夫人埃莉诺·罗斯福（Eleanor Roosevelt）在 1958 年的联合国演

---

① 出自凯·汤普森著名儿童文学系列作品《艾洛伊丝》（*Eloise*）。小女孩艾洛伊丝和保姆住在纽约市广场饭店"最高的一层楼上"，熟悉这里所有的秘密机关。

讲中这样发问,"在靠近家的细微之处。它与我们之间的距离如此之近,其本身又如此微小,以至于我们甚至无法在世界地图上明确指出它所在的方位。"

在探究"捉迷藏"对儿童身心发展的必要性的问题上,现居纽约的心理学家艾莉森·卡珀(Alison Carper)写道:"有时候,每个人都需要把自己藏起来。我们需要进入精神世界中的私密空间,对自己的思想进行审视。[3] 我们需要这块隐秘之地,这是能让我们进行反思的地方。"她还表示,一旦我们"藏起来",又会开始渴望被发现,渴望被人找到。如果我们一直不让生命中重要的人找到,那么"藏起来"就不再是一个游戏,而会演变为一种生活方式。但她也认为,是否拥有"个体意识"这一心理内核,决定着我们未来能否与他人建立亲密关系[4]。承认自己具有不为人所知、不为人所见的一面,并自愿表露出来,是我们与他人建立亲密关系的必要基础。在培养自我意识的过程中,察觉、反省内心的感受至关重要。我们向外界展示自我的方式,与我们在必要时选择采取何种方法暂时远离大众视野密不可分。

弗洛伊德在观察他 18 个月大的孙子玩"fort/da game"(去来游戏)后发现,学会管理"消失"是幼儿游戏的本质。这种游戏用到的工具是一根系着绳子的木轴,孩子们会拽着绳子,将木轴甩过床头,然后用绳子将视线之外的木轴拉回来。"去吧!"小孩子一边将木轴丢出,一边念念有词。等到又将木轴拉回视线里,他又会兴高采烈地说:"回来!"就这样,他们不断地重复着这些动作和词语，看着玩具来来去去，出现又消失。

弗洛伊德认为，他的小孙子是在用这种方式处理妈妈不在所引起的焦虑。但在我看来，孩子们几乎对一切来来去去的东西都着迷。只要有机会探知物体出现和消失的原理，他们都愿意学习、尝试。柠檬汁、苏打水以及厨房里其他的常备佐料，都能成为孩子们为研制出能让字迹迅速消失的"隐形墨水"而不断摆弄的化学实验道具。要是弗洛伊德活到今天，看到我家孩子书架上摆着的全息图绘制仪，又会作何感想呢？这台仪器上市时标榜的卖点是"即拍即得"，内置的空腔中安放着两面彼此相对的抛物面镜子，操作者将任意一样东西（如戒指、硬币、塑料小娃娃、青蛙模型等）放进仪器内，它的三维图像即刻就会被投射出来，看上去就如同悬浮在空气中的实物。只有当某人伸手划过时，才能感受到这只不过是一幅虚像而已。尽管这个玩具花不了几个钱，却成了我家孩子们日常学习的工具。他们因此了解到，在同一时间内，某样东西可以出现在某处，却又不一定真实存在于那里。

人在儿童时期的重大发现之一，就是明白语言、地点和物体均可同时存在于一个看不见的世界中。我敢肯定，这类游戏亦对人类的心智发展起到了举足轻重的作用。无论是置身于一座环绕着围墙的花园，还是摆弄图像投影仪器，甚至是用所谓的"隐形墨水"书写，无不表现出世界在可见与不可见中交错演绎的魔幻之美。而正是凭借着存在于想象力中的陪伴，孩子们才能最大限度地实现这种心理上的过渡。

"看不见的朋友"这一概念一度被弗洛伊德和瑞士心理学家让·皮亚杰（Jean Piaget）嗤之以鼻，他们认为这是一个人心智发育不全、社会适应无能的表征。但在我们生活的这个时代，"看不见的朋友"成了人们心目中更加珍视的伴侣。他们的出现形式不一，有时是人、鱼等动物，有时是云和树，有时是某些幻想中的形象。在他们身上，我们学到了同理心、创新、共情。和他们在一起，我们的内心可以体会到一种舒适感。艾莉森·卡珀认为，"看不见的朋友"具有一项功能，那便是"在人类的想象中见证着我们的内在体验。对于某些人而言，这或许标志着他们挣脱童年束缚，不再只通过母亲的凝视了解自己，而是已经开始学习如何借助反思探索自我"。卡珀还认为，人类的这些需求会随着时间的推移而变化，在人类逐步学会与他人建立亲密关系的过程中，"想象中的朋友"正是"彩排中的一名重要配角"。正如每个人私底下都有富于个性的一面，这些"看不见的朋友"也能帮我们试探自己关于友情的种种想法是否正确。他们可以是我们分享秘密的知己，可以是我们倾注心血的对象，还可以是我们获取知识的源泉。他们是调和孤独与寂寞的方式，是一种我们几乎无法命名的安慰手段。与"看不见的朋友"发生第一次亲密接触时，我只有 6 岁。我生于一个圣公会家庭，就读于一所天主教学校。当时的我还没有信仰天主教，因此不必去做弥撒，也不会在仪式中取食"圣餐"。有时，当其他孩子都去参加正式的教义问答时，只有我孤零零地留在教室里，无所事事。可即便在那个时候，我也已经对天主教圣徒有了足够的了解，并为之着迷。在我的想象中，他们可能穿着薄纱材质的蓝色罩衫，手持百合花束；他们也有能力发动军队，浴火向前。他们在面对邪恶的主教时泰然自若，他们也生性乐观。安提俄克的圣玛格丽特屠杀了恶龙，还经受住了火烧和水淹的酷刑。圣克里斯蒂娜不仅能控制火，还能在空中飘浮。就连那些更为低调保守的圣徒，比如猫的守护神，在森林里深居简出的圣格特鲁德，都令人深深着迷。他们无疑是勇气、仁慈、宽恕和信仰的化身。但最吸引我的，还是他们跌宕起伏的人生经历以及不畏艰险的乐观态度。然而，作为非天主教徒，我知道自己不该拥有这种对虔诚的依恋。于我而言，他们有如"禁忌的朋友"，却反倒因此使我更加难以抵挡其魅力。他们一直影响着我，驱使着我想和他们建立那些不该建立的情感联系。不同于劝我一起逃课的高中同学，也不同于不良男友，他们品行正直，却对我构成了一种危险的诱惑。为了他们，我甘愿赴汤蹈火。

美国韦尔斯利学院心理学教授特蕾西·格利森（Tracy Gleason）认为，"看不见的朋友"能够帮助儿童"应对社会关注，理解他人观点。想象中的同伴与现实中存在的一样，都能给人情感支持、信心和关爱"。"看不见的朋友"也能为我们带来独处的机会，并使我们从中收获幸福、共情和同理心。同样，他们还能帮助孩子们"正确地处理失望、悲伤和愤怒情绪[5]"。无论身处何种情境下，我们总能创造出"看不见的朋友"，对他们倾诉，接受他们的指引，甚至向他们寻求保护。

　　我的朋友凯瑟琳在她5岁的时候就拥有了自己的"看不见的朋友"。他是一名与凯瑟琳同龄的牛仔小子，名叫凯科。他身穿蓝色牛仔裤，头戴深色毛毡牛仔帽，帽檐边缘用线缝了一圈。"我记不清他是否来过家里。"凯瑟琳说，"但在外面，他与我如影随形。我们一起荡秋千，一起在灌木丛中搭堡垒，还一起爬上不那么高的樱桃树。他脸上有雀斑，衣着光鲜亮丽，简直就是我心目中最酷炫的孩子该有的样子。当时我对他着迷极了，尽管我们从未挑明，但他应该知道我喜欢他。后来，我很快就成了一个真正的假小子。"几年后的某天，凯瑟琳开车经过一辆名为"基科"的卡车。她回忆道："虽然'基科'与'凯科'的名字不完全一样，但看着这个名字，回忆排山倒海般地向坐在车里的我涌来，使我瞬间回想起当时和'凯科'在一起的亲密时光。他对我的人生起到的影响是那样重要。"

　　我的另一位童年好友曾拥有两个"看不见的朋友"。每到夜深人静之时，这两位朋友就会开着粉色的凯迪拉克敞篷跑车来她家看她。他们彼此分享笑话，直到我的朋友进入梦乡。时至今日，她都无法言明这两位朋友所代表的一切。她只能将他们模糊地解释成幽默和慰藉的象征，但当她回想起他们时，嘴角总会因回忆的甜蜜止不住地上扬。还有一位女性朋友告诉我，小时候，她有两位棍子一样的朋友，分别叫"曲奇"和"吉姆"。其中，曲奇长得很像一根巧克力细棍饼干。"每当我独自在家玩耍时，他们就会出现。"我的这位女性朋友回忆道，"我们手拉手，一起聊天，他们愿意听我的话。最后，他们慢慢地消失了。"

幼儿常通过"看不见的玩伴"探索自己与他人的关系，并逐渐从中体悟出一个道理：自我存在感有时会通过感知他人的存在而获得，而友情的形式也不止有一种——其中有时呈现出某种层级关系，有时又没有。我的朋友阿莱娜说，她小时候也有位"看不见的朋友"，名叫玛丽莎。玛丽莎比她年龄大，也比她更成熟。此外，她还有个"看不见的哥哥"，名叫格尔德，处处护着她。"他们身上其实投射出了我小时候对人的看法。"今天的阿莱娜如是说，"我很早就想要一个'看不见的朋友'，却一直对此将信将疑。直到有一天，有人建议我试试看，于是与这些'看不见的朋友'互动就成了我每晚睡前最真实的体验。我觉得那可能只是一种自说自话的方式，是我自己在讲述着内心关于一切美好关系的可能设想。"

格利森教授曾说，生存在孩子们幻想中的"看不见的朋友"可能表现为与这个孩子自身能力相当的形象。"看不见的朋友"可能是孩子理想中的朋友，如同在镜中看到的自己；也可能是一个讨人厌的、无法触及的人，处处与这个孩子作对。不被接纳的感觉如何？又该如何应对？[6]格利森教授不禁发问。孩子们能想出各种各样的方法来实践他人的观点，进而在认知上实现巨大的飞跃。明白他人有着不同于自己的想法与感受，有助于孩子们进一步探索自己究竟秉持着怎样的信念。

"看不见的朋友"并不总是善良、慷慨并能给予人支持的。正如现实生活中的朋友一样，"看不见的朋友"也可能是不可靠、讨人烦或不忠诚的。美国诗人詹姆斯·泰特（James Tate）在其诗作《隐形人》（Invisible）中描绘了这样一则故事：泰特在邮局门前的台阶上偶遇了一个陌生人，他目送陌生人驾驶一辆黄色的车离去。后来，因为参加同一个圣诞节派对，他们再次在街角的一个垃圾堆旁相遇。俩人攀谈起来，交换了书籍作为圣诞礼物，还为对方提供了指引。他们彼此认识，却又不相互了解。就这样，气氛陷入了尴尬，两人都暗自怀疑对方其实是隐形人。"反正我就是不喜欢他。"泰特在诗的结尾处总结道。

想象中的友谊甚至可能涉及那些对普通人而言遥不可及的名人。至于当事人长大后回想起来是否会觉得害臊，则另当别论。据我的儿子们回忆，小时候某次夏令营旅行时，他们的朋友萨姆带上了他那"看不见的朋友"——享誉全球的芝加哥公牛队篮球运动员迈克尔·乔丹。在离开汽车旅馆的房间之前，萨姆小朋友会说："我们出发吧，迈克尔！"营地里，大家席地而坐围着野餐桌吃晚餐时，萨姆小朋友又会冷不丁地冒出一句："迈克尔，这些够你吃了吗？"转眼间，几年过去了，萨姆告诉我，他对那次旅行的记忆"有点儿模糊"，但他的确记得自己"曾经和乔丹一对一斗牛，比谁用石头向垃圾桶里投篮更准。乔丹每次都在那里"。后来，我查询相关资料发现，心理学术语"拟社会关系"专门用于形容我们单方面与自己仰慕但完全不知道我们存在的名人建立亲密关系的行为。这些名人受到人们的喜爱甚至崇拜，与他们建立关系或许能给孩子们提供一条逃离家庭的安全途径。格利森教授表示，孩子们有时不想向同龄人吐露心事，因为同龄人未必有相同的经历。所以，为了逃离父母的管束，有的孩子会想象出一个让自己有安全感的人，这是他们提供给自己的一种安全保障。

鉴于"看不见的朋友"无处不在，在今天这个数字时代，在网络上建立的关系自然也成了一种有必要思考的选择。我的朋友安妮仔细思考了这种方式，有时会通过某款应用软件与全球的社群进行联系。在这里，她可以与来自210个不同国家和地区的180万人交流，安妮说，有时候这款软件会有超过8000人同时在线。尽管彼时她握着手机一人独处，却也同时与分散在世界各地的人们产生着共鸣。这些看不见的社群加深了她与外界建立联系的体验。

我个人并没有如安妮般的习惯，但我会时不时地去浏览她提及的网站。我发现，以旁观者的身份默默看着这群人同时在线进行交流其实是一种享受。这个网络社区还能展示在线者的实时数量：界面上呈现出浅灰色的世界地图，每个在线者依据其所在方位的不同，在地图上被显示成一个个浅棕色小点，并且还会随着他们的状态变化进行实时更新。我知道，现在的数字绘图功能强大到足以将任何数据可视化，眼前这幅"在线世界地图"就以直观的定位功能展示出了它的迷人之处。或许我们可以换个方式看待整个数字世界：我们可以把它当作一个巨大的集市——散布在天涯海角的人虽然看不见彼此，却因为志同道合而在此齐聚一堂。我还听闻有些健身类应用软件可以使用户与世界上任何地方的人一起跑步、举重或者进行各类综合体能训练。还有一款游泳主题应用软件，运用 GPS 定位系统，实时追踪不同国家游泳爱好者的运动表现。时至今日，在虚拟社区中与陌生人共同测量呼吸频率、计算每日行走步数或是记录脑卒中发病历史，已成了我们这代人寻找"看不见的朋友"的重要方式。我不禁想起，2017 年夏天，"探索频道"运用计算机虚拟成像技术，让奥运会游泳冠军迈克尔·菲尔普斯与一头大白鲨在水中一较高下。这是数字世界为我们增强源自想象世界的体验的又一例证。

但事情并没有那么简单。科技创造出来的同伴，无论是在世界彼端的真人还是完全虚拟的形象，尽管他们可以进一步开拓我们的想象力，却并不是人类想象力自然发展的结果。包括苹果公司的"Siri"、亚马逊公司的"Alexa"以及微软公司的"Cortana"在内的虚拟助手，虽然可以识别我们的声音，帮我们安排约会、排布日程并且陪我们一起玩游戏，但它们是人工设计的产物，而并非诞生于我们自己的好奇、焦虑与渴望。"初音未来"是一位被设定为16岁的日本人气虚拟偶像，梳着水蓝色的双马尾。她的演唱会场场爆满，人气爆棚，尽管在台上演唱的她只是全息影像。"微软小冰"是一款中文智能聊天机器人，声音表现被设定为17岁的少女，每天都有数百万中国人不厌其烦地向她吐露心声，从生活琐事到情绪感受，无话不谈。"微软小冰"的存储容量使她能够记忆与每个用户的沟通记录以及其中包含的情绪表述，但出于保护用户隐私的考虑，这些历史记录将被定期清除。显然，无论是"微软小冰"还是"初音未来"，都唤起了追随者们真实的情感反应，但除此之外，她们与前文说的"曲奇""凯科""玛丽莎"，还有在夏令营营地里朝垃圾桶里投石块的"迈克尔·乔丹"再没有其他共通之处。"想象中的朋友"与"科技创造出来的伙伴"在媒介表现上存在着根本性的差异：后者源于外部世界，与我们开展的对话并非由我们自己主动发起。

此两者间的差异不仅限于媒介，还在于选择权。iPhone摄像头、Instagram及其他社交媒体造成的持续网络曝光，甚至可以使人产生抑郁倾向。前述儿童心理治疗专家安德雷格指出，当代青少年虽然习惯于网络聊天，却不见得比上一辈的人更快乐。不同于人们普遍认为的那样，"不被看见"未必是贬义词。年轻人总是绞尽脑汁想在公众面前展示最佳形象，却反倒因此憔悴不堪。他们出丑的时刻被人记录下来，放到社交媒体上，由此引发的网络暴力使其中的大多数人深受其害。被公之于众的照片中有时是一个孩子嘴里塞满食物的样子，有时是他衣衫不整的样子，还有可能是他被迫摆出的某种令人尴尬的动作的样子。在这些状态下被他人看见，常常是与被"羞辱"联系在一起的。"无拘无束让人快乐，"安德雷格总结道，"可一旦照片被人放在社交网站上，当事人就几乎不可能置身事外。每个人都渴望展示自己，但这也意味着使自己暴露于危险之中。"

"Facebook 致郁"正是在此背景下产生的一种现象，指的是无休止的曝光引发的焦虑，以及互相攀比造成的自卑或自怨情绪。隐藏在这种现象背后的，还有一种无处不在的浮躁。它源于个人信息的流失——毫无保留的、毫无条件的，而个人信息又是维持自我意识、保持身份感的关键。当人们的私密体验无一例外地沦为公众消遣，内心的"自我"就容易遭受贬低。

这样看来，我们自发创造、形成和管理的那些友谊关系，便显得格外深奥又广泛。对这样一段友谊关系的认可行为，其实比计较自己在社交媒体上拥有多少粉丝更能彰显想象力。儿童利用"看不见的朋友"来化解自己对成人社会的迷思，并借助虚构的对话去填补自身在认知上的不足。这样的"友谊关系"并不仅仅是一种了解自我的方法，也是一种探索我们自己如何才能与他人更为亲近的途径。在人与人之间的社交联系如此紧密的今天，数字监控和信息追踪使我们几乎无所遁形，"看不见的朋友"却为我们营造出一个富足而模糊的独处环境。他们见证着我们的人生，听我们说知心话，并在某些时候像监护人一样管束我们。我有一位从事老年患者照顾工作的朋友，向我讲述过一位女患者临终前的故事。当时，这位患者喃喃自语，仿佛病榻边围聚着所有的亲朋好友一样。但与她"对话"的这些人其实都早已不在人世。"妈妈，他们其实不在这里。"患者的女儿说。谁知，她却回应道："他们在，只是并不是为了看望你。"

正如格利森指出的那样，现实与幻想之间并不总是泾渭分明。"这两者未必是反义词。"她说，"既可以是实体，也可以是幻想中的形象[7]。无论事情究竟是真是假，都可以是无关紧要的。"她还表示，即便是成年人，有时也会与"想象中的同伴"玩对话游戏。我们甚至可以模拟自己与真实存在的人对话，想象他们会说些什么。有时，即使屋里空无一人，我们也会在头脑中与假想出来的人聊天。我们也可能会被自己读过的小说情节深深地影响。并非真实存在的事物，不仅能对我们造成真实的影响，也能引发我们真切的情感反应。

每个人都有依靠"看不见的朋友"的陪伴度过非常时期的体验：发现母亲暂时离去的婴儿、逐渐长成青少年的小朋友、与丈夫据理力争的女性，还有被确诊罹患重疾的病人。在所有这些动荡的时期里，我们与"看不见的朋友"进行的沟通以及与某个"不在那里的人"展开的私密对话，都有助于我们淡看那些不测风云，并能安抚我们的情绪。格利森表示，人类的想象力完全可以被视为"一个可以练习社交技能，或是安全地体验情绪剧烈起伏的平台[8]"，而与某个事物是否真实存在无关。我的婆婆在爱尔兰长大，在她的印象中，她和她的表弟在树篱旁玩耍的景象仿佛就发生在昨天清晨。他们身旁停驻着一辆亮闪闪的小型马车，突然间，长着一头金色鬈发的车夫不知从哪儿跳了出来。他朝两个孩子微笑，微微摘了摘帽，然后便消失不见了。他们俩吓了一跳，表弟在那个清晨以后就有了一头白发。如今，我的婆婆已经90多岁了，住在北卡罗来纳州罗利市的一家养老院内。尽管她早已记不得自己的小孙子在某天下午将她的一对金耳环扔到窗外的事，但有时却能看见自己那来自爱尔兰贝尔法斯特市的祖母坐在她对面的扶手椅上。

我的丈夫倾向于认为，这恐怕是源于他母亲沿袭的凯尔特人传统。凯尔特人坚信精神世界的力量，而一个人之所以能对"看不见的朋友"采取如此包容的态度，正是因为他的信仰在背后起着作用。尽管无法完全排除这种可能，但我个人还是更愿意相信我们每个人都能拥有所谓的"独特的能力"。正如某个在这方面堪称学者的人所言，这种能力"使我们可以去爱、去分享人生，甚至使我们敢于凭着自己的灵魂去和想象中的他人赤诚相见[9]"。这些"想象中的他人"可以是我们对熟悉的人进行再创造的形象，可以是我们读过的书中出现的角色，也可以是依据个人诉求、渴望或为了满足我们的奇想而凭空幻想出来的人物。在不同的时期和情景下，他们的身份或许有所不同。有时他们只是临时的"军师"，有时又定期出现，负责为我们出谋划策。从圣格特鲁德、迈克尔·乔丹、细棍饼干到来自贝尔法斯特的年迈妇人，"看不见的朋友"形象之多变，已到了无可概括的程度。

第二章　奥兰多的魔戒

人声、香水味或其他微观之物，客观存在着却又无法为肉眼所见。

其本质使然，与去向无关。

——约翰·伯格

从童年一路走来，每个人或多或少都会对"看不见的朋友"心怀感激，并对这些"朋友"的力量有所了解。可让人始料不及的是，成年后的我们竟如此容易将"看不见的朋友"与不端、堕落、恶意甚至罪行联系在一起。1693年，基督教传道士科顿·马瑟（Cotton Mather）出版了著作《无形世界的奇观》（*The Wonders of the Invisible World*），其中全面记录了塞勒姆小镇女巫审判案中被审判者"遭受感染与恶魔侵袭"后的种种表现。在马瑟笔下，塞勒姆小镇经历的一系列风波全都归咎于看不见的物质和灵魂——"充斥着令人费解的情形"。尽管恶魔撒旦想方设法地掩人耳目，但马瑟依旧运用图解等形式，生动地展现了其中一名被捕"女巫"的恶行：她如何勒住别人的脖子，如何让一位邻居的皮肤脓肿溃烂，如何让一个人全身瘫痪，又如何使一群牛中邪。

三个多世纪后的今天，我们已普遍接受了"看不见"与"恶意"之间存在的密切联系。约翰·罗纳德·瑞尔·托尔金（J. R. R. Tolkien）所著的奇幻小说《霍比特人》（*The Hobbit*）与《魔戒》（*The Lord of the Rings*）中发生的故事围绕着一枚金色指环展开。这枚"至尊魔戒"只从属于某个强大却不可见的灵体。随着故事情节的推进，这个灵体的腐败与恶毒也逐渐被揭露出来。戴上"魔戒"的人可以延长自己的寿命，他们会感到视野受限，却能看见另一个阴暗的世界。随着"魔戒"的罪恶本源逐渐显露，读者也会意识到，要想拯救"中土世界"，这股黑暗势力必须被摧毁。

"盖吉斯效应"（Gyges effect）源于柏拉图讲述的"盖吉斯之戒"的故事，现已引申为网络上的匿名暴力和挑衅行为。这原本是属于一位牧羊人的故事，他偶然发现了一枚能够使人隐身的戒指。戴上戒指后，牧羊人隐匿身形，混入王宫中，诱惑了王后，杀害了国王，自己登上了王位。柏拉图想用这则寓言警示世人，无论是君子还是小人，都有可能在"隐身"（或者说，不受社会监督的）状态下做出越界和不端行径。这种"隐身"状态不仅使这些不道德行为成为可能，还会助长此类事件的滋生。柏拉图还认为，社会监督存在使人钻空子的灰色地带，这无异于道德堕落者谋划犯罪行为的温床。事实上，在当今的数字世界中，因为躲在暗处而得以发生的欺诈等不轨行为比比皆是。专为已婚人士提供婚外情中介服务的加拿大社交网站"阿什莉·麦迪逊"（Ashley Madison Agency）于2015年被黑客入侵。手机应用程序"私密相册"（Photo Vault）允许高中生或任何身份的人在手机上私藏色情图片或其他非法资料。此外，旨在越过网管监察的"暗网"（Darknet）堪称让人毛骨悚然的地下网络世界。那里的用户使用加密的身份资料，以便买凶杀人、从事毒品与武器交易或是获得儿童色情产品。

菲利普·鲍尔（Philip Ball）编写了一部资料翔实的百科全书，名为《隐形：看不见的危险诱惑》（*Invisible: The Dangerous Allure of the Unseen*），谈论的正是在公共视野之外潜伏的种种危机。他在开篇处写道："如果你能隐形，会做些什么呢？很有可能，你的行为逃不出权力、财富或性的范畴，甚至三者兼而有之。"但鲍尔也认为，我们没必要对此感到内疚，因为人性本就如此。一旦逃离监管，人性就会驱使我们暂时堕落。在这一点上，艾拉·格拉斯（Ira Glass）每周放送的广播节目《美国生活》（*This American Life*）无疑为我们提供了一些证据。这档节目设有一个名为"隐形人和鹰侠"的环节，在某期节目中，美国作家、幽默家约翰·霍奇曼（John Hodgman）提出了一个老生常谈的问题：如果能拥有一种超能力，你是想飞，还是想隐身？结果，那些选择"隐身"的人不约而同地认为，倘若拥有这种超能力，自己就能溜进电影院看免费电影，或偷偷地登上飞机在全世界畅游。选择"隐身"的女性还想到，这种能力使她们有能力去商店里偷取心仪的毛衣，而男性更想趁此机会潜进澡堂偷窥异性洗澡。"几乎没有人说'我想用自己的隐身能力去惩治犯罪'，大家对此好像都不怎么关心。"霍奇曼最后评价道。他由此得出结论，在成人世界里，进入不受监管的状态在很大程度上成了误入歧途的开端。

不仅如此，"隐形"的状态还被现代人覆上了一层偏执的色彩。1977年，艺名为瓦莉·艾丝波尔（Valie Export）的奥地利艺术家拍摄了电影《看不见的对手》（*Invisible Adversaries*）。影片中，女主角坚信自己周围的人被看不见的外星人寄生。在2013年创作的影片《关于如何隐身的超级教学材料》（*How Not to Be Seen: A Fucking Didactic Educational. MOV File*）中，旅居柏林的艺术家希朵·史黛尔（Hito Steyerl）给观众上了有关"如何消失"的5节课。影片刻意采用教学录像中惯用的话外音口吻，向我们宣称，爱、战争和资本都是无形的。第一课的主题是"如何不被镜头拍到"，影片中，史黛尔教育我们可以采取以下几种方式中的任何一种达到目的：躲起来、闪到摄像画面之外、关掉摄像头、找人将拍到我们的镜头删掉或者干脆人间蒸发。第二课的主题是"如何在众目睽睽之下凭空消失"，建议的方式包括：佯装不在场、当着别人的面突然藏起来、将自己蜷成一团或直接抹掉自己存在的痕迹。而第四课则从各式各样的隐形群体入手，提供了别具一格的消失方法——进入一个安装了门禁的居民区或一块警戒森严的军事重地；身处任何一座机场、工厂或博物馆之中；穿上隐身披风或在"暗网"里遨游；成为超过50岁的女性；缩成小到几乎让人看不见的像素以及被极权制度折磨得意志消亡。这部影片中的许多场景都以残破不堪的老式校准靶作为背景，其几何图案被投射在恍如加州的沙漠上，用作无人机的训练目标，也就是说，这是早期的无人机演习场景。借助这部影片，创作者意图告诉我们，在当今这个监控技术无处不在的时代，"隐形"与"隔离"有着异曲同工之妙。尽管"隐形"有时会对人们起到积极作用，但多数时候还是暗示着一种疏离与冷漠。

然而，现在是时候质疑这种观点的权威性了。当某人变得"隐形"，对社会大众而言，他最有可能正在酝酿某些越界行为，或是根本就存在性格偏执的一面，人们会开始以轻视的态度对待他。这是最容易形成的成见，也是无聊透顶的看法。在法语中，"秘密庭院"（Jardin Secret）一词指的并非园艺意义上的真正庭院，而是一种心理上的自闭状态。其涵盖范围广大，从个人的小小例行仪式到某种心理状态，再到不为人知的私人事物、想法或活动。它可以是透过窗子看到的某处景象，可以是一处避风港或避难所，是清晨的一次散步，是靠近桥的河畔某处，是咖啡馆里的一张桌子，是一段乐曲，也可以是私人收藏的皮草、奇石、书籍或扇子。隐私感是"秘密庭院"的核心所在，随之而来的可能是占有欲、掌控欲和亲密感，甚至还可能罩上一丝情色意味。在"秘密庭院"的背后还蕴含着其他深意，比如，每个人在过去的生活中都有不愿同他人分享的细节；人类的体验和想象力有时是个人意图、行为或奖赏共同作用的结果。这种内心深处的隐私感，或许正是人们进行社会交流与体验分享的共同基础。

"秘密庭院"泛指某种自闭的心理状态，由此折射出"不被看见"这一概念在本质上的模糊性。或许，我们成年人之所以会对看不见的情形存疑，正是因为这种模糊性的存在。孩子们能够很好地理解它、接受它，但凡事喜欢条分缕析的成年人却容易因它感到焦躁。然而，"不被看见"这个概念本身就是模糊的，它可以鲜活地存在于人类的想象中，也可以完全不被人察觉。如果说"不被看见"的状态是各类越界行为的温床，那么它也可以与欢愉、知识、心灵成长、探索、隐私、审慎、静默和自主有关。它使我们得以与内在的自我对话，在喧嚣的世界里留有一块安宁的绿洲，在这个瞬息万变的时代求得心灵上的安定。在古希腊神话中，宙斯之子珀尔修斯有一顶可以随时使他化身云雾的隐身帽，而智慧女神雅典娜也时常戴着一顶令旁人难辨其真容的头盔。

　　南非艺术家威廉·肯特里奇（William Kentridge）的艺术作品为"不被看见"的内在含义提供了一个微妙的视角。肯特里奇以擅长将精美艺术与动态影片相融合而闻名，他经常在作品中运用拥有自主意识的、突然出现或消失的纸张、阴影或人形等素材。在其创作的影片《无形的修补》（*Invisible Mending*）中，他用一把刷子和一块橡皮修复一幅木炭自画像。完成后，画像中的肯特里奇从纸面上走了下来。接着，肯特里奇的本体凭空出现，用不知从屏幕之外的哪儿飞来的碎片，再次将破碎的自画像拼合完整。艺术家与物象本身互为永恒，无止境地重复着创建和解构的循环。这部影片是系列影片《献给梅里叶的七个片段》（*Fragments for Georges Méliès*）中的一部，旨在纪念梅里叶这位伟大的法国魔术师、演员及电影导演。作为一名电影特效大师，梅里叶在世时就经常创作带有诙谐色彩的幽魂形象。

倘若说肯特里奇意在借这部影片来探讨个人身份的幻灭，那么他还在其他地方强调了个人身份在社会、政治和地理维度上的脆弱性。他在自己的作品中经常提及约翰内斯堡市地下流淌着液体金子的矿层，正是这些矿层和金子见证了这座城市的沧海桑田。这些看不见的脉络、在地下默默流淌的矿藏、泵入矿藏中的水源、突然落陷的灰岩坑以及有如定时炸弹的地井，都是这座城市的无形风景，更是对南非动荡不定的政治环境的隐喻。

18 世纪的法国哲学家、文学家卢梭生前最后一部作品《漫步遐想录》（*The Reveries of the Solitary Walker*）使我们看到了另一种对"盖吉斯效应"的解读方式。行将就木时，卢梭对人类灵魂的行善与作恶能力进行了认真的思考。在第六次漫步的途中，他反思了人与人应如何公平相待，并为"隐世"状态做了慷慨激昂的全面辩护。在他看来，隐姓埋名反而传递出一种道德上的力量，而这或许正是为人类走向社会正义做出贡献的良师益友。他在书中写道："若我能一直顺应本性地自由、隐没、与世隔绝，我将只会行善，因为在我心中，没有埋下一粒渴望作恶的种子。若我能像上帝一样隐于人们视线之外，一样无所不能，那么我也将像他一样常存善心[1]。"即便卢梭的观点无法令所有人苟同，却不妨碍他充满喜悦地认为自己在"无忧无虑时"偶尔能创造奇迹，在戴上"盖吉斯之戒"之后做出"无数悲天悯人的公义行为"。卢梭确信自己愿为实现人类大同的目标添砖加瓦，这枚戒指只是构筑和谐世界的附属品。但最后，他不得不承认，即使是在不情愿的情况下，任何一个能力高于常人的人都难逃堕落的下场。尽管他由此得出结论，认为人类应当丢弃"盖吉斯之戒"，摒弃逃避公众监督的想法，但他却仍旧坚持，默默无闻的状态虽然会给人以堕落的诱惑，但也同样会使人更容易行善。

16 世纪意大利文艺复兴时期，路德维柯·阿里奥斯托（Ludovico Ariosto）创作的史诗《疯狂的奥兰多》（*Orlando Furioso*）中也有类似于"魔戒"的意象。尽管诗中的"魔戒"是从一位印度女王那里偷得的，创造性的力量却丝毫不比《指环王》中的"魔戒"差。故事的主人公奥兰多热烈地爱慕着安吉莉卡公主，他为爱痴狂。这部浩浩荡荡的史诗早在开篇就已交代"魔戒忠于其主"。此话不假。将"魔戒"戴在手上或含在嘴里就能让人隐形。有人将"魔戒"作为贿赂之礼献给原先那位女王，以谄媚其身份尊贵。戒指失窃后，知晓其去向的人却独守着这个秘密。就这样，戒指在不同人物间流转，忽隐忽现，贯穿着整部史诗。这则架构宏大、狂放不羁的故事以超现实主义的形式存在于地球和月球之上，不断在超然和荒诞间循环往复。"魔戒"几易其主，被赋予的意义各不相同，堪称一场以颠覆和虚伪为主题的狂欢。戒指能帮助主人逃避追捕，免除牢狱之灾。它能拆散爱侣，也能使他们破镜重圆。它能保护主人，也能为其招来祸端。正是这枚戒指，使相爱之人的身影在彼此的视线中消弭、重塑。

尽管"魔戒"常被用来作恶，可并非"为所欲为"的代名词。相反，它的存在使创造力倾泻而出，使思维天马行空，使行动颠覆传统。它昭示我们，人世间种种浪漫的疯狂，最终皆可归结于"可见"与"不可见"的范畴。由此也引出了一个问题：我们是否该将"盖吉斯之戒"摘下，转而戴上奥兰多的"魔戒"呢？在社交媒体文化铺天盖地的今天，我们对曝光度孜孜不倦的追求是否迫使我们不得不停下来想想，具有隐身法力的"魔戒"有没有可能给我们带来创造性的启发，并驱使我们采取颠覆传统的举措呢？

前文我们已结合儿童的行为特点提出"客体永久性"的概念。这里的"客体"可以是字句、朋友或人际关系。尽管如此，它仍像一个猜不透的谜，始终贯穿我们的人生。事物永无止境地在"消失"和"被找到"间循环往复，而这大体上便是心理治疗的根基所在。虽然我不会像小孩子那样拿着一个羊毛线轴抛来抛去，却也时常在某人或某事突然闯入自己的人生后惊讶地蹦出"来了！"的想法。这些人或事物可能是一个朋友、一份工作、一本书、一个想法、一场交谈、一顿饭、一张票、一个机会、一次昨日重现、未来将至的一闪灵光、一朵云、一场暴风雨、一个西红柿甚至一枚鸡蛋。然后，我会像孩子们一样，兴高采烈地发出"去吧！"的呼喊。

转眼间，当年那个把金耳环扔出窗外的小男孩已成为纽约市的一名电影剪辑师，多完美啊！儿子的日常工作就是对人物、树木、动物、房屋、家具、墙纸、窗户、面孔、光影等万事万物的图像进行增添与删除。业内常常将电影剪辑形容为"隐形艺术"，因为观众无法直观地了解到电影图像究竟经历了怎样的过程才能一帧帧地跃然于屏幕之上。经过精良剪辑的电影是毫无遗留痕迹的，被剪掉的片段永远都不会被人看到。儿子说："当你看电影时，剪辑过程并不会像角色或灯光一样呈现在你面前。你不应该注意到剪辑的存在。剪辑师移除了观众与影片素材间的障碍，力求为观众带来极致的沉浸式体验。"在我眼中，儿子已成了"客体永久性"方面的专家。可话说回来，我再次怀疑，任何一个或多或少爱过另一个人的人，都认真地思考过这个问题。

幸福的决定因素众多，但事物来去的方式在其中发挥着重要的作用。被看见、被认出和被认可，是人类体验中不可或缺的一环。社会能见度也对我们的幸福感至关重要——当这种能见度衰减时，我们就会感到痛苦。每个人都渴望被他人认可，他人的瞩目是人际交往的前提。由此，一般用于形容热恋关系的"目光交融"也变得让人容易理解起来。或者，我们道别时说的"再会"，同样暗示着自己已经被他人看见且将再次被人看见的状态。自不必说，人活着就是为了看见和被看见。

但我仍然相信，选择隐没于他人视野之外的主动行为对幸福感的产生与存续而言同样不可或缺。一位在医院手术室工作的技术人员告诉我，病人的面部与实际手术部位之间隔着一块屏幕。这块屏幕的存在不仅是为了确保手术部位保持清洁与消毒的状态，还具有一定的心理保护作用。倘若没有这块屏幕挡住病人的脸，主刀大夫和护士就无法在毫无心理压力的情况下实施手术，因为他们没办法一边看着患者的脸，一边划开他的皮肤、锯掉里面的骨头或摘除任何器官。在天主教堂的忏悔室里，也有一块帘幕将忏悔者与神父隔开，好让忏悔与宽恕得以进行。在进行传统的精神分析时，分析师会坐在患者身后的帘子里，将自己隐藏在患者的视线之外，以便他们能更好地探索自己的潜意识。不在他人的注视之下，我们更有可能吐露心声。

不过，即便不从事精神分析工作，我们也能知道，眼神接触有时并没有那么重要。在日常生活中，有无数场合要求人与人之间避免眼神接触。这就是拼字游戏如此受追捧的原因——它允许一家人一边盯着游戏图纸，一边彼此交流。我有一个从事陶瓷工艺教学的朋友，连连感叹自己的学生竟会在为陶瓷拉坯、制作落地大花瓶或是给瓷器上釉时透露那么多不为人知的私事。她说，当他们忙于手边的事，目光聚焦于眼前的作品时，很容易透露关于个人私生活、婚姻状况以及人生得失的秘密。我也知道，汽车座椅有时候就和心理治疗室里的沙发有着相同的效果。某天，我带一位年近百岁的朋友前往乡下长途旅行。当时正值深秋，火红的枫叶鲜艳无比。我这位朋友心情大好，完全无法将她的视线从车窗外移开。那时的她，表达机能已逐步退化。但她发现，当我们交谈时，如果我不注视着她，她反而能更有效地组织语言。就我个人而言，我和处于青春期的儿子们最有成效的谈话，不是发生在面对面地坐在家里的餐桌边的时候，而是在驱车前行的路上。当我专注于开车，眼睛紧盯前方的路而非他们的脸时，孩子们会更自在地与我谈论最近在追的女孩、前两天偷偷吸的一根烟或是刚刚收到的一张超速罚单。

但"不被看见"不仅是一种心理状态、文学意象或隐喻手法，它还具有物理学意义上的真实性。2014 年，美国罗切斯特大学物理学教授约翰·豪厄尔（John C. Howell）发明了一款名为"罗切斯特斗篷"的隐形装置，可使放于其后的任何物体看上去好像凭空消失了一样。这台装置其实并没有什么科技含量，只是利用四块焦距不同的普通光学透镜扭曲物体周围的光线，从而干扰人的视线，将物体隐藏于人的视野之外的小把戏罢了。

变换光学（transformation optics）这门新兴科学研究的正是物体周围电磁波的扭转现象。研究者利用不存在于自然界的人造材料——"超材料"来弯曲、扭转、引导物体周围的光线，就像溪流绕开石头，水流在两侧汇成新的小溪，继续向前淌去。从理论上说，"超材料"的原子构成允许光线的扭转成为可能，但对其长期应用，例如作为军事用途的"量子隐形伪装材料"却至今无迹可寻。尽管人类已掌握了一种新兴技术，能将物体周围单一波长的电磁波重新定向，使该物体无法为人类肉眼所见，可到目前为止仍无法大规模地实现这一目的。可见光的波长很短，比无线电波和电磁波更短，不足以使人体、汽车、建筑物、飞机等物体"隐形"。

美国杜克大学电气与计算机工程学教授大卫·R. 史密斯（David R. Smith）是变换光学领域的先驱。据他讲，每种技术各有利弊，要想使物体周围的光线路径发生改变，最大的困难之一在于，它要求人类的技术手段快得过光速。虽然当前的科技水平已使这一点成为可能，但人类的技术仅仅能够企及单一频率的光波而已。单一频率的光波无法携带大量信息[2]，因此，隐形设备本质上总是无法具备足够的带宽。我们可以隐藏红色光波，却不能同时隐藏红色和蓝色的光波。不仅如此，史密斯教授还补充说，另一个问题在于"这些'超材料'可以吸收光能，所以，一旦我们将其放大，则必然导致光能被这些材料吸收殆尽。我们曾尝试在不同的微波频率上做放大实验，却发现某些应用前景不错的材料竟存在带宽不足的问题。所以，尽管我们能使各类材料在不同项目中物尽其用，但距离做出哈利·波特的'隐形斗篷'还有很长一段路要走[3]"。

当我前去探访罗切斯特大学的实验室时，豪厄尔项目组的研究生约瑟夫·崔（Joseph Choi）再次向我强调了变换光学在现实应用中的局限性。他说，变换光学不适用于所有可见光范围内的波长，也不能360度无死角地将物体"隐藏"起来。但"罗切斯特斗篷"确实办到了前人没能办到的一些事。有别于以往的隐形装置，"罗切斯特斗篷"不会造成物体周围光线的放大或扭曲。它利用若干层光学透镜聚焦或改变光线的方向，从而使肉眼从各个角度与位置都无法看见被隐藏的物体。此外，"罗切斯特斗篷"还适用于整个可见光范围内的波长，而不只局限于其中寥寥几种，所以才能保持着藏匿于斗篷之后的物体的原本样貌。"你看到的东西就是它本身的样子，"崔告诉我，"就像透过玻璃或空气看到的东西一样。"

崔还带我参观了实验室地下室的一个房间，并从中推出了一辆黑色金属质地的杂物推车。两排透镜被固定在推车表面，其中一排以特定的角度排列着，其间整齐地穿插着几面镜子。地下室过道的白墙上粘着一张纸，纸上打印着一块小小的彩色网格。崔将推车停放在离墙几米远的地方，接着将一只手放在透镜中间。当我顺着光线看过去时，惊异地发现他的手消失在我的视线之内，而透镜后面的纸张及上面的彩色网格却依旧清晰可见，就连颜色和比例也不受透镜的影响。

需要注意的是，"罗切斯特斗篷"类的原始隐形装置体积不大，且其隐形范围只能承受微小的角度变化，但如果采用更大的透镜，就能相应地隐藏规格更大的物体。维基百科上就有提供给非物理学专业人士自行建造简易隐形装置的操作指南，所用材料均可从市面上获得，成本不超过 100 美元。未来，若该领域内科技水平发展得更为成熟，手术大夫就有可能让视线穿过自己的手，直视手术部位；货车司机也有可能看见以往驾驶时存在于视野中的盲区。但豪厄尔向我透露，物理学家"未必总为实际应用考虑，他们只是沉迷于解决某个问题而已"。

他还主动坦诚"罗切斯特斗篷"其实是一个简易的光学系统，并称他"只是想让某些东西隐形而已"。尽管"罗切斯特斗篷"受到了各界的广泛关注，却也不乏来自其他科学家的诟病。他们对此表示不屑，认为豪厄尔将时间和精力都浪费在了研究一个简单的光学小玩意儿上，更何况这项研究并没有受到任何基金资助。

但豪厄尔心里清楚，凡是涉及隐秘性的东西，最有可能派上用场的地方莫过于军事领域。他也明白，不可见的物体使一些人担忧"问责不明的现象发生，堪称助长男孩潜入女浴室偷窥一样的歪风邪气"。但他也指出，这类发明的积极用途同样不胜枚举，如在建筑与环境规划领域均可企及。突兀的大桥、外观不雅的天桥以及各类东倒西歪的指路牌或许都将因此不复存在。可问题是，这究竟是会改善我们居住的环境，还是只会扭曲我们的现实感？谈到这里，豪厄尔不禁大声发问："咱们能使墙隐形吗？"而当我们不想看到某件东西，却又想让另一样东西留存于我们的视野之中时[4]，能否利用"隐形术"来帮我们达成目的的呢？或许正是由于豪厄尔并不十分热衷于这类装置的实际应用，他的想法才会如此天马行空。儿时的他酷爱看《星际迷航》，即使如今已成为两个孩子的父亲，他对世界的好奇心也依然不减当年。同我们一样，他也对"不被看见"的事物充满兴趣。他承认，"罗切斯特斗篷"仍存在诸多局限性，"目前还没有发现全方位、无死角的宽波段，但未来5—10年之后，这或许将成为现实"。

那辆黑色手推车被人从砌着白瓷砖的实验室里推出，里面掺杂着科学实验的意味、散文诗般的意境，以及某种功利主义色彩。总之，虽然这实验室看起来并不像是什么能给人启发、使人顿悟的地方，却的确有某种至关重要的事情正在发生。我将自己的笔、本子和手放在透镜后面，它们都消失了。这是一种切身体验，无关文学描述和心理状态。后来，我离开实验室，沿着树下的小路穿过校园，经过灌木丛、长椅和通往停车场的围栏时，我发现自己与物质世界的关系似乎发生了一丝微小的改变。我不停地想象着自己能够看穿周遭的事物，想象自己的视线可以穿透它们，看到它们的另一面。我突然意识到，原来看穿事物的能力与让它凭空消失的能力并非同一回事。

在探访豪厄尔实验室前，我以为物理学中的"不可见"现象是实质性且可量化的，也希望自己能在真实世界中体验一把隐形的快感。作为一名 62 岁的高龄女性，我开着一辆蓝色小轿车，经由州际公路前往罗切斯特市，保持着尽可能快又不至于超速的状态穿过纽约州北部。到达罗切斯特后，我在一家假日快捷酒店住了下来。这里有着十分宽敞的停车场，附近还有数不清的牛排馆、主打螃蟹的海鲜餐厅、办公区和一家来爱德（Rite Aid）连锁药店。我不禁想，尽管这里的景色实在算不上令人耳目一新，但我们不正是在这样随处可见的环境中变得平凡无闻了吗？我实在想知道。倘若我连如此看似有违理智的想法都可以接受的话，那么我想我此刻终于见识到了"不被看见"这个概念的真实面貌。

近期，一群瑞典神经科学家也在这个领域进行了探索。他们设计出一种让人类体验消失感的方法，这项研究旨在从社会与道德的视角重新审视早在两千多年前柏拉图提出的问题：人类将如何利用"隐身"能力？新兴技术的不断出现，预示着人类拥有隐身能力不再是天方夜谭，但这种能力又将如何影响人类在是非对错上的判断呢？试验中，受试者每人戴上一套VR（虚拟现实）眼镜设备，以此就能够以旁观者的等高视角看到自己的身体。也就是说，受试者看见的影像是虚无的。他们低头时看见的不是自己的身体，而是一片空白。然后，研究者使用一把刷子，同时轻抚受试者和他旁边的"虚无"影像。受试者表示自己明明能感受到刷子的触感，却眼睁睁地看着刷子对着"虚无"幻影刷来刷去。随着视觉上的不断强化，受试者表示自身对刷子的触感也逐渐减弱。受试者的大脑将刷子的触感信号从身体传到"虚无"影像上，由此，研究人员得出结论：为大脑营造出一种"灵魂出窍"的体验其实不难。有形物体带给我们的安全感其实并不如我们想象的那样重要。倘若视觉让我们相信自己的身体变得虚无，大脑也会很快就接受这种想法。

研究人员并未就此止步，而是继续探索这种身心联系在使人感到焦虑的情境中如何发挥作用。他们让这些"隐身"的受试者在VR设备中看见一把匕首，正准备刺向那个"虚无"的自己，于是研究人员检测到，受试者开始心跳加快、汗流不止、心理压力骤升。在接下来的试验中，这些受试者又在VR

设备中看见"虚无"的自己站在一大群陌生观众前，却几乎没有因此出现任何心理不适，因为此时他们已经产生了"隐身"的错觉，以为观众真的看不见自己。这个瑞典科研团队的负责人阿尔维德·古特斯坦（Arvid Guterstam）就此试验结果提出了多种实际应用设想，例如帮助人们减缓社交焦虑，以及治疗患者的脊柱损伤——后者的临床表现之一正是体验到"自己下半身消失"的错觉。尽管我们仍不清楚隐身状态如何对自我意识与道德行为产生影响，但我们的确意识到，我们是客观存在的，并且或许我们对外部世界的感知并非绝对。要接受我们是可"消失"的这个事实，其实并没有想象的那么难 [5]。

问题是，物理学家和神经科学家的研究工作与那些神秘的隐身故事之间存在共同点吗？前文提及的菲利普·鲍尔在《隐形：看不见的危险诱惑》中总结说，此两者为不同类型的领域，新兴技术和我们以往对隐身的迷思之间或许存在着巨大的差距，而且这些差距也许是必要的。他写道："变换光学和无线微波技术使科幻小说中看似最不可能实现的故事情节或只有造物主才能施展的魔法成为可能，而传统意义上的'隐身'只是其中一方面的内容。但话说回来，目前这些技术在现实中的应用还很难与我们在神话中的想象相匹配。"鲍尔在书中总结道，新兴技术在现实世界中的应用范围，与人类对隐身的种种科幻构想之间仍存在不可逾越的鸿沟 [6]。换言之，想象是一回事，技术又是另一回事。

几个月后，我在手机中翻到崔同学在我拜访豪厄尔实验室时为我拍的照片。那时的我站在一台科研装置旁，伸着手，可我的手却完全消失了。在我看来，这并非一张简单的照片。照片中的女性失去了一个重要的身体部位，这幅情景及其激发出的感受并不令我陌生。消失的不仅是她的一只手，还有这只手所能够做的、应当做的事情。这位女性会因此变得残疾、失能，甚至连最基本的日常事务都不能料理。虽然我不常这么想，但有时我的确像大多数其他人一样，能偶尔感到自己身上的某个重要部位消失不见，而我本人也因此衰弱不堪，崔为我拍摄的这张照片正反映出了这种状态。隐形装置或许只是利用光学原理与我们的眼睛开了一个玩笑，但其中同样捕捉到了某种真义。客体永久性的概念，或许也可以适用于我们身体的某个部分。

人类之所以孜孜不倦地追求"隐身"，可能源于我们自身与生俱来的认知：即使我们看不见某个东西，可它依然存在于那里；即便将某个东西放在眼前，我们也可以视而不见。我们中的大多数人好像生来就知道，有时候自己的认知会存在偏误，有时又会神奇地出现顿悟。我想，或许正是因为"不被看见"的状态使我们感到矛盾，才更加令我们心驰神往。当我们自我怀疑或感到恐惧、羞愧时，只想找个地方躲起来，让自己消失。可另外某些时候，不被别人看见反而让我们十分失望。我们既渴望"隐身"，又会因为被人忽视而崩溃。对此，我们的感受或许就像人类对自我身份的认知一样多变。

我的丈夫年轻时住在菲律宾。当地少数民族摩洛人聚居于棉兰老岛上，几代人前赴后继地为了实现自治而抗争，他们与菲律宾主岛居民之间的冲突已达到前所未有的极端程度。早在几十年前，摩洛人就已向马尼拉发起过袭击。当时他们采取的策略之一是划独木舟进入马尼拉港口，然后向岸上掷矛。他们嘴里含着被萨满巫师施过法赐过福的鹅卵石，深信这些石头真的能让自己在敌方面前隐身。尽管摩洛人将"隐身"当作一种军事战术，但在我看来，那些"隐身石"还赋予这个部落以凝聚力与自治性。这种"隐身"代表着只有部落成员才能看见彼此，这是一种部落身份的象征。

当然，摩洛人的隐身战术难免让人发笑。但若我们只顾着嘲笑摩洛人的做法，那我们又该如何看待隐形飞机、以"无形"为卖点的妮维雅除臭剂，或是配备透明引擎盖的路虎概念车呢？这款车的前置摄像头能捕捉车辆正下方与正前方的影像，使用视频串流技术让这些被拍摄到的画面显示于这个透明引擎盖上，使人恍然以为自己可以透过车体直接看到下方正在驶过的道路。"路虎正在开发尖端技术，试图在实现了'视觉上的隐形'的汽车前部创建前方地形的数字视图。"在这款概念车的宣传册上如此写道。路虎公司声称，这种透明引擎盖可使驾驶员拥有"增强版的现实视觉享受"。要我说，这种享受其实与摩洛人追求的感觉差不多。

摩洛人的"隐身"受信仰和信念驱使，而路虎的透明引擎盖则是数字时代下与时俱进的公司品牌战略。两者显然存在天壤之别，却不约而同地证明着人类注定为"隐身"的状态所吸引的事实。我既非车迷，也对除臭剂没什么偏好，但我肯定愿意拥有一块摩洛人的"隐身石"。这种石头长什么样？通体透明还是花色斑驳？是像玛瑙一样泛着绿光，还是表面平滑且呈灰色？或许它其实有条纹？这些我都说不好。画笔固然能上色，但谁不渴望拥有一支用其上色之后即可隐身的概念性画笔呢？我估计这类东西不会很快面市，苹果公司近期应该也不会在应用商店里引进"iPebble"或"iBrush"之类的软件。只有在人类的想象中，才更有可能开发出这些东西。

但这或许正是"不被看见"的美感所在。想要达到这种状态用不着复杂的工具，简单地拼装几块透镜或使用一些常见物品可能就已足够。"Hulinhjalmur"是一个古老的冰岛符号，被认为是"隐形"的象征。要想召唤它的神秘力量，古冰岛人必须划破自己手指和乳头，用滴出的鲜血混合渡鸦的血液与脑浆，加上一块人体胃部组织，最后用一大块褐煤蘸着这种混合物在人的眉毛上画出那个符号的图腾才行。在追求"不被看见"这个目标上，篮球运动员蒂姆·邓肯（Tim Duncan）的方法显然比古冰岛人的方法更为简单。他5次夺得NBA总冠军，终于2016年退役。那一年，是他篮球职业生涯的第19年。邓肯只是用手机发布了自己退役的消息，没有召开新闻发布会，没有举办退役庆祝派对，没有任何媒体活动，甚至连退役礼物也没收。短短几天后，人们就在Twitter上看到了他在"Old Navy"商店里排队结账的照片。从万众瞩目的竞技场到商店里的结账台，邓肯有意选择了一条低调的路。但这或许正是"不被看见"的关键所在：它可以高深莫测，也可以像日常生活一样简单。

　　豪厄尔曾在 YouTube 上传了一部短视频，向公众展示"罗切斯特斗篷"的运作机理。视频中，他用一系列透镜搭建了一个更大型的"罗切斯特斗篷"，并让自己两个年幼的儿子担任受试者。大儿子从一开始就是完全可见的，而小儿子却不知从哪里突然探出头来，朝镜头挥舞双手。两个男孩在"斗篷"里进进出出，在"显形"与"隐身"的状态之间轻快地穿梭着。他们欢笑、嬉戏、"消失"，此情此景很难不让人心醉，因为这两个孩子激发了观众内心世界中某种原始的情感。他们是多么快乐啊！这难道不就是一段关于"看不见的朋友"的视频吗？它生动地捕捉到了每个家长的担忧，他们害怕孩子突然消失，这是他们的梦魇！视频的背景并非神秘的森林，没有高耸的树和瘆人的阴影，这里的风景是铺设着白色瓷砖的墙壁，是光线充足的实验室。然而，这段仅有 3 分钟的短片阐述的是科学真理，它充满神秘感，叙事方式又非常有趣、有吸引力，从而凝聚成一股无与伦比的力量。它告诉我们，这是人类的想象力所能企及的高度。它将可能与不可能交织在一起，又使发生了的和没发生的同时显现，汇聚了我们所能看见的和不能看见的精华所在。

第三章 穿越自然界

人类无法捕捉在自然演变历程中存在的每个事物，因为自然这个舞台太大了，难免会有所遮蔽、有所阻碍。

自然的演变历程太过迅速，在大自然这一背景的衬托下，反而具有不易参透的隐秘性。

——约翰·巴勒斯

在紧挨我书桌的窗台上，多年来一直摆着一小盆银色的多肉植物。它整体呈浅灰色，夹杂着米色和玫瑰色斑点。表面平滑，从球茎上抽出的叶片统一呈椭圆形，活像一堆小鹅卵石。这样一盆柔软、顺从、长着气孔的多肉植物逐渐长成了一块坚不可摧的岩石。我深感欣慰，并暗暗佩服它莫大的勇气。但仔细想想，发生于它那优雅外表之上的变化完全是一种必然。这种俗名"卵石"的多肉植物发源于非洲平原，在进化过程中成功地避开了食草动物的注意。我每天看到窗台上的这盆植物时都不禁啧啧称奇。一方面感慨它竟然仅凭独特的伪装技巧就能在适者生存的非洲大草原上存活至今，另一方面惊奇于它的隐秘性——在如今这个以曝光为荣的社会，这种小植物却为人类提供了另一种生活方式上的启迪。它生来就擅长隐藏自己，隐秘性早已渗透进它的每一个细胞结构中。它启示着我们与自己所处的环境融为一体。它在植物学上的独特性彰显出它的美丽、勇敢和对"不被看见"的隐形状态的想象力。

我虽然称不上是一个热爱园艺的人，却唯独为这盆多肉植物的倔强醉心不已。这并不仅仅因为它的重量、形态和色泽，还因为它的每个细胞都在拼尽全力，想让自己成为另外的样子。它是丈夫送给我的礼物。以前，我的丈夫为使他的"植物园"更加繁盛，总会储备各种苗木的种子。他每年都会种植西红柿、罗勒、薄荷、浆果以及各种花卉。"给你。"他边说边将埋着多肉种子的花盆递给我。他料定我觊觎这样一盆植物已久，而且一定会对这盆小东西珍爱有加。"这东西是我见过的最不像植物的植物。"他微微翻了个白眼，继续说道，"花圃里有人告诉我，这棵植物长起来极其缓慢。我觉得还挺适合你的。"

此话不假。这种多肉植物在园艺界的戏称正是"活石头"。我将它放在窗台上，这小小的椭圆形植物就这样静静地待了几个月，似乎连一厘米也没有生长。它既不抽枝，也不开花，就连有所变化也谈不上。事实上，唯一能证明它活过的，就是在它濒死之时叶瓣会变成肝粉色，其自身也会凋敝成一种奇特的肉质形态，直到最终彻底解体。这就是这种植物的性子，既倔强得可爱，又始终在环境下伪装着自己。直到最后一刻，我依然为曾经照料这个小骗子而感到一种深深的满足。毕竟，我曾无微不至地关心它，为它定期松土，也确保它在窗台上能享受到充足的光照。它低调的伪装在我眼中有一种魅力。对像我这样对植物谈不上狂热的园丁而言，还有什么比一株一心只想当块石头的植物更适合的呢？

在自然界中，这种伪装技巧被称为"保护色"，指的是生物所具备的与其当前所处环境融为一体的本领。它使生物得以借助视觉、嗅觉、声音、形态的变化，形成一种外在的假象，使其存在不易被天敌察觉。自然界中充满了这类低调生活的拥护者：贝类、植物、两栖动物、昆虫、鸟类、哺乳动物；在降雪前通体毛色会变白的北极狐、甲壳上带有怪异巴洛克风格图案的印尼蟹以及皮肤下的细胞可以随着自身所处海洋环境的颜色改变而变化的章鱼。变得"隐形"并不等同于从这个世界上消失，它不是对个人创造性的否认，也无意压抑我们每个人的独特性；相反，它是一种吸引同伴、保卫家园的策略，让我们能够更好地在家园里生息、捕猎与防卫。自然界的伪装术不是一种猎奇式的品性，它既不起眼，又带有创造性，充分体现出生物本身对所处环境的敏感与审慎。最重要的是，它是强大的，足以使拥有它的生物受到保护。

大自然喜欢隐藏自己。早在公元前 5 世纪，希腊哲学家赫拉克利特（Heraclitus）就有了这样的认识。自然界提供的不仅是词汇表，还有一整套体系，以帮助人类理解与周围环境融合的价值。伪装与拟态具有深刻的实践功效，却也时常伴随着幽默、勇气、优雅和智慧。以澳大利亚琴鸟极具伪装性的声音模仿能力为例，它不仅能模仿其他鸟类的叫声以及自然界中的其他各种声音，甚至还能发出类似于汽车、货车和喷气式飞机的引擎声的噪声。从微妙的鸟鸣到刺耳的机械噪声，都被列入了澳大利亚琴鸟的演出剧目。它的叫声不仅彰显出优雅，仿佛还自信地向世人宣称："我既可以是一只蓝鸟，也可以做一把电锯！"同样喜欢玩弄优雅诡计的还有长尾黄鼠狼。每到冬天，它毛发会蜕变成白色，只在尾部点缀一点黑色。这样，当鸟儿在它上空盘旋的时候就分不清它的头尾，只能不幸成为狡猾黄鼠狼的盘中餐。

　　我既未亲耳听过琴鸟的叫声，也没有目睹过长尾黄鼠狼的小伎俩，但我对自然界中其他常见的伪装术并不陌生。4月的一个下午，我和朋友简在山里玩皮划艇时偶遇一只黄褐色的海狸。它把自己藏在溪流中的一小块沼泽地里，尾巴巧妙地盘在身下一块突起的泥堆上，不仔细看的话真的很难察觉。它那油光水滑、根根分明的皮毛在午后阳光的照耀下闪耀出金黄色，与它所栖息的沼泽地水草有着相似的视觉效果。这并不是说动物与植物是完全相同的，相反，它们之间微妙的不协调对周围世界的环境而言才是真实的。还有一次，我在哥斯达黎加的一棵树上见过一条长达1.8米的绿树蛇。要是在平常，对蛇的恐惧足以使我当场僵在原地，就算是在自家后院石墙上看见哪怕一条再小不过的无毒乌蛇，我都会被吓得连连后退。然而，这条绿蛇就那样顺着一棵棕榈树的树皮和树叶一圈圈盘旋而下，鲜艳的翠绿色和精致的扇形鳞片模仿着这棵树的装饰，与它浑然一体。我完全无法将视线从它身上移开，就这样默默地注视着它准备向蹲伏在树干底部的一只小蟾蜍发动袭击。

去年夏天，我注意到家里门廊扶手附近的藤萝枝上，竟然有一只竹节虫轻巧地休息在上面。按理说，它那对称的纹路、色调以及小树枝般的轻盈体态都会让我忽视它的存在，但那天，我还是注意到了。我注意到它的优雅不仅源于精致的纹路与柔和的配色，还来自它小小身躯的微微颤抖。看起来，这颤抖并非来自碰巧拂过的微风，而是这个小家伙自发的行为。它静默不语，它的形态、颜色和举止共同传递出一种信息，使它看起来隐忍如同一位艺术大师。这些因素为它建造起了只属于自己的王国，堪称一处不起眼的自然奇迹。

我们对伪装术的崇拜似乎与伪装本身一样自然。素有英国"犯罪小说女王"之称的作家鲁斯·伦德尔（Ruth Rendell）认为，未解的谋杀案之所以引人入胜，正是因为每个人心中都有那么一点儿犯罪情结。在我看来，这种观点也可用于解释人类对伪装术的向往。人类不大擅长这类伪装术，因而一半出于嫉妒，一半出于欣赏，自然容易心向往之。有些心理学家认为，在一场骗局中，被骗者与行骗者其实是共犯。对此我完全不敢苟同。或许每个骗子都需要一个相信他的人，但仅此而已。我和其他人一样，都不喜欢被骗。但话说回来，我并不排斥自己练就一套精明的骗术。我们中的大多数人多少都有点儿逆反心理，暗自希望自己能拥有不同于常人的能力。如果你问我为什么无法将视线从打盹儿的海狸、颤抖的竹节虫和饥饿的树蛇身上移开，我会回答，那是因为我也渴望像它们一样拥有强大的伪装能力。

美国画家、自然学家、猎手兼动物标本制作师雅培·翰德逊·泰勒（Abbott Handerson Thayer）认为，"每只动物身上都映射着它所处的环境[1]"。他在自己的画布上对"保护色"进行了令人眼花缭乱的描绘，这是那些动物将自己隐藏在栖息地里以免被捕食者盯上的一种手段。他的一幅油画的主角是雪地中的两只冠蓝鸦，夕阳西下，两只鸟儿的轮廓极易让人误以为是两丛树影。在另一幅油画中，艳丽的火烈鸟沐浴着落日余晖飞过低空，以免引起鳄鱼的注意。泰勒还刻画过林间池塘中的一只林鸳鸯。在这幅意在展现不确定性的作品中，这只林鸳鸯轻快地划过睡莲浮叶丛，深色的羽翼倒映在黑色的水面上，与之融为一体。树林、羽毛、池水和天空，交融出一幅模糊的图景。"我看见了什么？"很可能每个看到这幅画的人都会这样问自己。

泰勒用精湛的笔触展现出动物界的"反荫蔽"理论，这种理论概括了许多物种展现出的令人意想不到的色彩。拥有"反荫蔽"模式的动物表面颜色通常较深，而它们身体上不暴露在阳光下的部分则颜色较浅，或直接以白色呈现。这种颜色分布的差异会导致视觉对光影的感知混乱，上方投下的光线会使它全身颜色均匀而不醒目。一些哺乳动物、爬行动物和鸟类都会借助这类视觉效果让自己在环境中变得不那么起眼。还有其他一些保护色的形式，例如某些动物身上绘着具有视觉冲击效果的图案，以此干扰捕食者的视线。此外，一些动物还能根据周遭地形与背景因地制宜地调整状态，使自己的毛色或图案与周围环境融合为一。

　　泰勒的保护色理论在"一战"中得到了充分运用。在他的建议下，美军替换掉了色调模拟沙尘环境的卡其色制服，转而采用迷彩军服，以更好地混淆敌方视听。泰勒画笔下的女性人物肖像同样传递出某种隐藏的信息。1918 年，正忙于为军队设计迷彩服的泰勒抽出时间为自己的儿媳创作了一幅画像，名为《穿绿色天鹅绒的女人》(*Woman in Green Velvet*)。在这幅作品中，女主人公身上衣裙袖子的质地和颜色融入了她身后的松枝。尽管这是一条意大利文艺复兴时期风格的天鹅绒裙，但在隐藏功能上，它与奔赴战场的年轻士兵穿的迷彩制服殊途同归。

　　在泰勒所处的那个年代，人们眼中的女性特征仍然停留于隐忍与保守。因此可以说，泰勒的这幅作品带着时代的烙印。但在一个世纪后的今天，重新端详这幅画的我却并未从中感受到任何强烈的性别偏见。我看到的更多的是一种与环境融合的生活方式。从整体上看，泰勒的画作表明他看重的并不仅仅是视觉上的判断力，在他内心深处还潜藏着渴望被保护的信念——无论是在热带湿地、森林、战场还是在画室中，他都渴望受到保护。正如雪地里的冠蓝鸦、火红云朵映衬下的火烈鸟、身着迷彩服的士兵与穿着绿裙子的女性一样，都需要在必要时刻将自己保护起来[2]。于是，有艺术史学家推测，在那样一个被恐惧笼罩并缺乏信仰的时代，泰勒的画作和他在动物行为学方面的研究，实则是为了在第一次世界大战这个剥夺了人们精神需求的恐怖阶段实现科学与艺术的融合。

20世纪初，英国动物学家休·B.科特（Hugh B. Cott）致力于研究自然界中各类极具创意的伪装术，并为此建立起一套无比复杂的理论体系。他于1940年发表的经典著作《动物的保护色》（Adaptive Coloration in Animals）堪称该领域的维基百科。书中，他认为动物的保护色可以分为三种用途：隐藏、伪装和自我标榜。他在这部书的开篇处就阐述了一个显而易见的事实——动物的外表显然都与自身所处的环境存在某种相似点，这就是为什么北极狐有着雪白的皮毛，热带树蛇的皮是鲜艳的翠绿，而丘鹬的羽毛则与飘落的橡树叶颜色相近。这类保护色的作用在动物界中是最基础的，也只是这种神奇特性的初级体现而已。在自然界，有的动物还能通过改变自己的轮廓改变阴影的形态，还有的可以借助迷惑性的颜色干扰天敌对其整体轮廓的探知。蝴蝶停留时会收起翅膀，这是为了使其在阳光下的阴影"尽量缩小到不会被察觉的幅度[3]"。

动物不仅能通过改变外表颜色避免引起注意，有的还能使自身颜色随着时间与季节的变化而变化。这种变化的速度可能以天为单位，也可能花费数周甚至数月。科特对这类"欺诈者"的考据样本来自各类聪明的非洲昆虫——非洲大陆上，被火烧过的野草地状如焦土，成为各类昆虫争相模拟的颜色；还有美国缅因州的蜘蛛——它们会在夏末把自己的外衣换成与金菊一样的深黄色。隐蔽或反荫蔽、光的相互作用或是处于幽深的黑暗之中，都能让善于利用环境条件的动物处于一种"隐形"的状态。此时，视觉维度消失，一切都变得不那么确定。动物可以潜伏在某处而不被人或捕猎者注意，它们就像一条把自己伪装成水草的鱼，或是皮毛上的斑点与透过林间枝叶洒下的光斑融为一体的小鹿。

动物身上的条纹、斑点还有其他夸张的羽毛、皮毛或鳞片的形态都能迷惑观察者的眼睛。剑鸻雏鸟长着黑白相间的绒毛，这是其他雏鸟不具备的特征，由此它们才能免于沦为捕猎者的盘中餐。科特还在书中明确区分了"隐蔽"和所谓的"侵略相似性"——后者如蛇类形似藤蔓植物，或蛾类看上去像是树皮及鸟类排泄物。一种巴西蝴蝶的翅膀上有着扭曲的细丝纹路，像极了破碎叶片的脉络。软体动物利用身体表面的突起、斑点和色带模拟着藻类在海洋中游弋的样子。动物界的隐形并不仅是颜色、图案在不同情况下的精准变化，似乎还与物体的生命及其行为结构本身存在着某种关联。

基于科特对动物界的隐秘性的揭露，才有了后来流传于"二战"期间的一本关于如何设计战舰、坦克和士兵制服的手册。"迷彩伪装"早在"一战"期间就已有所应用，到了"二战"时期，它已被军事界普及于战舰的外观设计。这种设计模仿的正是剑鸻雏鸟身上黑白相间的绒毛。无论是设计手册还是"迷彩伪装"，均旨在打破事物原有的完整形态，即科特所谓的"表面完整性"——这正是捕猎者赖以锁定猎物的判断根据。战舰表面尺寸夸张的黑白几何图案，如巨型波纹、云纹或菱形棋盘图案等，虽然不能真的使整艘战舰隐藏起来，但能有效干扰敌方对这艘战舰的速度、体积、形态和行进方向的判断。这种图案的展现方式由一位艺术家为英国军队设计，可谓是向"点画法"和"立体主义"等现代艺术表现手法致敬，而毕加索、布拉克等先驱皆因其开创性而广受赞誉。这可能是人类历史上一个罕见的时刻，因为几乎还没有什么像"伪装术"这样能同时使军事战略家、动物学家和艺术工匠兴致盎然的东西。但正如科特敏锐观察到的那样，"从本质上看，自然界与战场一样，局势瞬息万变，几乎不存在理想情况"。干扰性的图案正是为了"防止或尽可能拖延敌方识别并锁定目标"，堪称视觉上与心理上的双重较量。

我只亲眼见过一次这样的军事装备。那是一个秋日的早晨，在哈德逊河的奥尔巴尼港口停泊着一艘名为"斯莱特号"的舰艇。"二战"期间作为美国海军驱逐舰服役的它如今已被改装成一座向游客开放的博物馆。它的表面被涂装上深蓝色、浅蓝色和灰色的不规则色块——这是综合考量水面、时间、动态及物理距离等各种因素之后做出的决定。它看上去就像一幅立体主义画作，在工业化的河岸边漂浮。我眺望着河水下游不断变换的晨光，瞬间明白为什么从远处看来这些颜色和形状竟会产生如此令人迷惑的视觉效果。要是布拉克还在世，看到此情此景，想必会欢欣鼓舞吧？那天早上我在河上看见的舰艇，无论在材质、形态、色彩还是光影效果方面，都远比博物馆中展示的任何一幅油画更具说明意义。

时至今日，科特的研究成果仍与我们的生活息息相关，这点或许连他本人也始料未及。在2016年法网公开赛上，阿迪达斯为网球选手们设计的运动服采用了夸张的黑白波状条纹设计，这就如同此前提及的剑鸻和战舰上的伪装一样，意在分散对手的注意力，干扰它们的判断。同年，英国艺术家康拉德·肖克罗斯（Conrad Shawcross）设计出了"光之斗篷"。这幢建筑坐落于伦敦东南部的格林尼治半岛地区，炫目的外表给人以足够的视觉冲击。建筑内部实为一座低碳能源中心，包裹着高达49米的大型烟道，为当地超过1.5万居民供能。"光之斗篷"由数百块锻造后的铝板拼接而成，铝板连接处经激光处理，以不同角度衔接，从而构成了整个极具设计感的建筑外壳。每逢日出和日落，"光之斗篷"的外表就会呈现出特殊的波纹效应——大楼表面交错的线条会在光影的相互影响所产生的干扰中生成波纹状图案。它就矗立在光中，但看上去好像又不存在于任何地方。斯堪的纳维亚半岛地区的艺术家丽塔·伊科宁（Riitta Ikonen）与卡罗利妮·约尔特（Karoline Hjorth）合作创作了摄影作品集《铜铃般的大眼睛》（*Eyes as Big as Plates*）。两位艺术家从芬兰与挪威民间童话传说中汲取了灵感，她们请老人做模特，扮演成当地民间传说中的主角。人物服饰取材于当地随处可见的材料，像用海草织成的裙子、海带做成的披风、杂草和花蕾编成的帽子和苔藓制成的毯子。此时，老人与其身穿的衣服之间就存在着某种不言自明的关联。他们脸上的皱纹与衣服上的叶片、杂草和花蕾的质感之间形成了某种精神上的亲昵。这些照片好像在告诉人们：一个地方的风貌既具有地理层面上的意义，又有精神层面上的内涵。它们囊括了时间与自然两个主题，激发出某种关于老龄化的模糊生态学的启示。这些难以捉摸的暗示仿佛揭示了自然系统循环的必然性，以及人类注定归于尘土的最终命运。

中国艺术家刘勃麟最近发表了一系列名为"城市迷彩"（"Hiding in the City"）的行为艺术作品，堪称与背景完美融合的艺术典范。照片中的他全身涂满油彩，站在北京的四合院里、杂志摊前、水果市场的垃圾桶旁或是背靠着一堵石墙。他的皮肤和衣服被涂上与背景完美契合的油彩，整个人仿佛隐身于周围的环境中，不仔细看的话甚至难以察觉其存在，人们必须眯起眼睛仔细瞧才能分辨出他的轮廓。这些照片展示出了人与背景完美结合的惊艳之美。在美国摄影师安妮·莱博维茨（Annie Leibovitz）为意大利高端服装品牌盟可睐（Moncler）拍摄的一组广告宣传照中，受邀担任模特的刘勃麟同样不遗余力地将自己"隐藏"起来。照片中的他坐在一家旧书店里，背后堆满了旧书、金属档案柜和老古董式的图书索引卡，这些要素无不强调着这家复古书店的残破与杂乱，但这一切又令人心生向往。刘勃麟的脸被涂上了蓝色油彩，这正是他背后窗户上的玻璃颜色。他的上衣和裤子也依照周围书堆的样子被涂上了色，而靴子则应和着地板，与其融为一体。这则广告似乎表明，这件手工缝制的新品外套真正奢华的地方就在于它被赋予的谨慎感。

不久前，我和几位友人在佛蒙特州的一片树林里漫步，其中一位朋友的口袋里正巧放着一只买给他家宠物狗的玩具。这是一个小小的塑料汉堡包，被挤压时会发出尖厉的声音。正当这个小玩意儿被捏得"吱吱"叫时，附近很快传来一只猫鸟的回应。就这样，在这个6月的晚上，一个汉堡包玩具和一只鸟儿竟然一唱一和地持续对话了好几分钟，这令我惊奇不已。看来，人类在声音上的伪装虽然怪异、牵强又捉摸不定，却不是毫无成效的。谁知道我们中的哪个人会上怎样的当呢？作为现代消费者，我们适应周围环境的方式总是不稳定、任性、武断或出人意料的。

刘勃麟的每张照片捕捉到的都是某个时间点上的画面，而只有当他静止不动时，才能使涂着油彩的装束与环境融为一体。科特将这类行为分别称为"适应性静止"与"适应性行动"，并指出只有外表上的伪装是不够的："对于动物而言，要想实现完美的伪装，就必须从外表到行动都伪装起来才行。"正如蜥蜴一动不动的时候看起来就像片枯叶，静止的态度其实富有创造性。又如鳗鱼能模仿水草轻柔摇曳的样子，或是鱼儿浮着肚子顺水漂流，在游进海草床的一瞬间重新将身子竖直起来游走。有些昆虫会聚在一起摆出花朵的造型，这可以证明伪装术并不一定是被动的。展翅的棕色巴拿马蝴蝶像极了在空中起舞的落叶，停驻在睡莲上的麻鸦那看似反常的行为——静止一会儿，摇摇身子，再静止一会儿——模拟的正是微风轻拂水面、荡出一圈圈涟漪的自然状态。今天，人类在野外狩猎活动中使用的伪装衣，模仿的不仅是背景环境的颜色与质地，还有发生在其中的实质性行为。那些人为设计在布料上的条纹与网格，是为了在二维与三维空间上形成落叶、沙砾、尘土和雪的假象。21世纪，在军事界广泛应用的数字伪装术更注重规模和距离。如今的技术既能模拟近距离下的极细微状态，如叶脉或草叶的边沿，又能从宏观上拉近远处的物体，使它看起来仿佛近在咫尺。

伪装不一定是一种持续不变的状态，它是对空气与光线的微弱变化的活跃、即兴、短暂的响应。鱿鱼利用体内的"虹色细胞"（Iridocytes）来保护自己。这种细胞中含有一种名为"反光素"（Reflectin）的光敏蛋白，负责调节海洋动物的表皮颜色。通过舒展或挤压色素细胞，鱿鱼就能依周边环境的色调，从自己的"调色盘"中精准地选出相应的颜色，为自己披上一层防护衣。"二战"期间，鱿鱼的变色能力被应用于军事领域。其中一项策略是考虑使用许多小灯照亮战斗机的前方及边缘处，利用干扰性的漫射造成伪装，使战斗机本身更不易被隐藏于地面和水下的探测设备察觉。随着科技的进步，研究人员已探索出分离光敏蛋白的方法。他们还将其与其他材料进行结合，研发出一种新型合成纤维织物，可保护穿戴者免受红外探测。目前，这种新型材料被用于制作一种科技胶带。将这种胶带撕下来贴于军事装备表面，即可对不同波长的光照做出干扰性的反射，使探测设备无法对其进行完整识别。

科特也指出："隐晦的静默之于耳，有如隐晦的外表之于目。这里所说的'静默'不单指没有声音的被动状态，还是一种主动的姿态，一种为了获得猎物而必须具备的显著特质。它既能通过基因结构上的不断修饰而先天获得，也可由动物不断摸索与环境相适应的行为而后天获得。"例如，猫在夜间穿梭于草丛间是无声的，但这种安静并非源于动作上的静止，而恰恰是因为在动的过程中保持安静。因此，科特表示，动作的静止并不等同于对声音的抑制。这种对"静态"的分层不禁使人联想到哈罗德·品特（Harold Pinter）的戏剧作品。演员们利用台词上的停顿，暗示情节上的不确定性，有时是悬在空中的一句疑问，有时是质疑引发的一片死寂。因此，剧作家品特才会写道："我们听到的言语总在诉说着一些言外之意。"

不引人瞩目的状态，关乎外表、静止与运动，也关乎光线、声音与沉默。一只鸟要想不引人瞩目，可以装模作样地发出电锯般的声音，也可以沉默不语，把自己隐藏在林间枝叶中。当我们试着换上不属于自己的面目时，喜剧效果就会随之而来。默片《从军记》（Shoulder Arms）中，卓别林饰演的新兵埋伏于敌方阵营。他乔装得极像一棵树，手臂两侧还挂着一些小树枝，头顶的帽子就像葱郁的树冠。在某个恰当的时机，一名敌军士兵适时出现，想将他一刀劈成两半，当作柴火。他伺机而动，挥舞着"枝繁叶茂"的四肢一通乱打。这名倒霉的敌方士兵看不清自己眼前的东西，屏幕前的观众也是一样的，可他们会为这个令人迷惑的情景所吸引。而且最重要的是，卓别林的打斗动作与其惊恐万分的面部表情共同作用，催生出了十足的喜剧效果。

话说回来，与周围环境融为一体，并产生一种类似于亲情的关联并不像我们想象的那样荒诞。我们要做的或许只是尊重并顺应环境所提供的存在方式而已。我的朋友伊丽莎白·谢尔曼（Elizabeth Sherman）是一名生物学家。在谈论到自己对待工作的态度时，她如此描述道："当人类试图观察自然时，无论是在森林、草地、沙漠，还是在水下，我们都会努力让自己变得不起眼，以便更好地亲近自然。"谢尔曼的研究对象是大开曼岛周边海域里的珊瑚礁。她每次都得通过潜水的方式在安静、失重的状态下工作，以免打扰到海里那些无脊椎动物及各类水族生物的正常生活。我看着她采集回来的水下录像素材，不难想象出一名潜水员在海底世界中可以体验到的"隐身"状态。视频中的谢尔曼使我想起之前提及的丽塔·伊科宁以老年人为主角的摄影作品，但两者之间还是存在着明显的差异。后者偏重于展现精心雕琢的视觉效果，如海草做成的外套或珊瑚制成的帽子，以表示对自然环境的敬意。但谢尔曼在海洋中的存在则更多地展现出对如何融入环境这个行为问题的探讨。在自己的研究领域，谢尔曼是一名受人尊敬的科学家，也是一位对事业充满热情、备受学生爱戴的大学教授。但当她投身于那些于她而言最重要的研究项目时，却有意不让水中的研究对象注意到自己。那些襄鲉、神仙鱼、大海龟与海胆都对她的存在漠不关心。在它们眼中，无论她在不在那里，都是无关紧要的。

　　我不禁好奇，这种刻意隐藏自己的存在方式能否也在陆地上实现？或许只有当一个人像自然文学家彼得·马修森（Peter

Matthiessen）一样对所处陆地环境具备无比深入的认知时，才可能真正做到与其融为一体。马修森在《雪豹》（*The Snow Leopard*）一书中记录了他本人在西藏地区的群山之中追寻一只神秘雪豹的旅程。这只令他神往的豹子灰白色的皮毛上带有玫瑰状的黑色斑纹，象征着神秘、警惕、遥远与未知。它极巧妙地将自己隐藏在选定的地方，哪怕人类与它仅隔几米远，也未必能注意到它。尽管如此，在马修森的不懈追寻下，这头豹子的行踪还是逐渐显露出来了。一路走来，马修森认为猫科动物在"静"这一方面的能力已达到一些瑜伽大师所谓的"灵魂出窍"水平，即"本体静止不动，磁场振动亦完全停止，以至于在旁人的心智或记忆中对其全无印象"。马修森认为，在某些场合下，人类或许也会渴望达到这种"使人全无印象"的状态。这种与周边环境的全然融合能使人体会到一种持续的圆满感，一种在与现代生活暂时脱轨的状态中所体会到的令人心安的归属感。在崇尚自我标榜的当今社会，它为我们提供了另一种可选择的充满吸引力的生活方式，让我们暂时放下对自我塑造与个人形象的追寻，安享片刻的宁静。

海伦·麦克唐纳（Helen Macdonald）曾在一篇论文中探讨了自然保护区是否应该设立观察站，以便游客在不对自然环境造成人为影响的前提下观察动物作息的问题。她在文中写道："要想亲眼观察动物的自然行为，我们不必非得把自己藏起来。正如研究狐獴与黑猩猩的科学家所证明的那样，长时间的相处可以使动物习惯我们的存在。但对于'把自己藏起来'这种惯性思维，人类恐怕一时积习难改。我们总喜欢在别人看不见自己的同时窥视别人，这会让我们得到一种值得怀疑的满足感，而且这种态度已经深深地根植于我们的文化之中。"她还描述到，自己曾在一个英国小镇的公园里散步，猛然瞥见一群水獭在浅浅的溪流中游泳。她惊异不已，因为水獭这类动物生性内敛，通常喜欢在隐秘的地方过着不受人类打扰的自在生活。但在这里，这群水獭显然对它们的人类朋友没有戒心，无忧无虑地在水里嬉戏。小镇上的人也早已习惯这些水獭的存在，并以此为乐。相比之下，来到这里的野生动物摄影师们一个个身穿伪装服、挂着配备长镜头的照相机，看起来反倒显得愚蠢又不合时宜[4]。

这或许并非自然而然地降临在我们身上，但在寻求归属感这方面，我们其实是具备创造性的。日本建筑设计师妹岛和世（Kazuyo Sejima）构想出一款概念性的"隐形列车"。列车车身覆盖着高度反光的硬质材料，飞驰起来如同一束耀眼的光柱，与清晨的天空、正午的阳光、黄昏的云朵、远山的灰色轮廓和旅途经过的土绿色田野浑然一体。无论它在哪里，都闪耀着独特的光芒。虽然人们看到它的时候，除了把它看作一列正穿山越岭的金属物体之外想象不到其他的事物，但它仍在努力地适应着周遭环境。诗人凯瑟琳·拉森（Katherine Larson）写道，保护色是"事物隐藏起来的方式，是某些细碎的真相在与更大的真相碰撞之时的消亡[5]"。或许，当我们坐在这列隐形列车之中，也能在遭遇更大的真相时体验一次消亡。

英国设计师劳伦·鲍克（Lauren Bowker）一直为生物化学所着迷。她发明了一系列墨水，能对当前环境的综合情况做出反应。事实上，鲍克最初只想研发一种能够吸收污染的墨水，这种墨水在接触到环境中的某些毒素时就会由黄色变为黑色。后来，随着研究的深入，她又开发出几种热敏墨水，可对环境中的温度、光照、湿度、气压及其他各类因素做出反应。不仅如此，鲍克还发明出能够反映使用者脑部活动与情绪状态的墨水：蓝色代表悲伤，白色表示平静。她创办的公司"The Unseen"专门生产各种款式的渐变荧光色披肩与皮饰。这些产品被业界解读为带有异域风情的奢侈品，还混合着独一无二的创新性，可谓定制服装界最时尚的"心情指针"。需要注意的是，这只是时尚界的创新之举，而不是我们之前谈论的"保护色"。尽管如此，这类作品的诞生也使我们明白了一个道理：承认周围环境的存在并对其做出合理反应，也能对"美"进行定义。我们甚至还能进一步发散思维，为鲍克的神奇墨水畅想一下在其他领域内的应用前景。若暂不考虑成本，从更加实际的视角来看，或许这种变色墨水的制作原理可以被应用于开发新式服饰，使之能够对环境中的毒素做出感应，从而预警某些极端的温度变化，甚至成为环境警示系统的一部分。又或者，这种衣服可以随着环境的变化而变色，使我们也能融进周边的环境中？鉴于如今的我们与周遭世界之间存在如此多的冲突，这类服饰或许能帮助我们更好地与世界和谐共处。

化学变色墨水和隐形胶带之类的东西自有其吸引人之处，

但"隐形"的状态实则不大可能通过这类小玩意儿实现。具体原因我还无法道明，毕竟我的"卵石多肉植物"永远不会作声，科特笔下的物种也说着人类听不懂的语言。但假设它们中的任何一个能用人类的语言将它们的一系列模糊行为解释清楚，也许我们也能体验到美国诗人、随笔作家温德尔·贝里（Wendell Berry）在肯塔基州的密林里扎了几天帐篷之后所描述的那种感觉："我个人已经精简到了无法进一步精简的地步。"他在题为《树林的入口》（*An Entrance to the Woods*）的文章中写道："我就像一个减去了 50 磅[①]体重的人，身体前所未有地轻盈。当我离开广阔无垠的石头地，再次走进树林深处时，我明白了，此时的我已经融入了这里，成为这片树林里一处小小的细节[6]。"

贝里之所以这么说，并非因为他在树林里扎帐篷时随身携带了一卷隐形胶带，或是穿着一件染着热敏墨水的外套。相反，他的"隐身衣"正是他对静息与沉默的事物的观察、是他逐渐轻盈的脚步、是他对周围环境更为密切的审视与体察，还有他后天锻炼出来的灵活适应性。正如贝里所提及的那样，他"全然沉浸于此处，就像松鼠把自己藏在窝里一样隐秘"。

早于贝里的另一位作家——英国浪漫主义诗人约翰·济慈（John Keats）亦对如何实现"隐形"的状态提供了一种观点。1818 年，他在那封著名的，写给好友理查德·伍德豪斯

---

① 约 22.68 千克。——编者注

（Richard Woodhouse）的书信中提出了"诗人就像变色龙"这一看法。他说，"变色龙诗人"并不坚守于自己的个性，他们"既享受光，又享受阴影；无论境遇好坏、得意失意、地位高低、身份贵贱，都活得热情。在他们眼中，就连伊阿古也成了伊摩琴 [②]。他们随遇而安的乐观本性，令自命不凡的哲学家惊诧不已"。济慈还说，一旦诗人摒弃对个人身份的执念，便能化作"太阳、月亮、海洋和世间的男男女女"。从这封被后人称为"变色龙之信"的内容来看，通过天马行空的想象力，一个人可以成为任何物种中的一员。他相信，没有了显著的自我，诗人反而能更好地活在当下、更有效地总结经验、更有能力构想出诗歌的主体：无论是夜莺、英式庄园还是一名女性。

约翰·济慈没能与休·科特生在同一时代进行交流简直是一大憾事。济慈的书信与科特在动物行为学领域的研究代表着艺术与科学的交融，可以让我们每个人都相信自己也在致力于类似的事业。他们也明白，究竟需要怎样精确、深刻的艺术性，才能全然地认识自我以外的世界。

在撒哈拉沙漠中生活着一种银蚁，外表完美地适应了恶劣的沙漠环境。它们小小身躯的中部与侧部覆盖着三角形截面的

---

② 伊摩琴（Imogen）是莎士比亚戏剧《辛白林》（Cymberline）中国王辛白林的女儿。在莎士比亚塑造的众多女性形象中，伊摩琴被认为是性格最温和、最天真的一个。伊阿古（Iago）则是另一部莎士比亚戏剧《奥赛罗》（Othello）中的角色，因人物性格卑劣，被认为是莎翁戏剧中最臭名昭著的角色之一。诗人济慈非常推崇莎士比亚，此处意在用"伊摩琴"与"伊阿古"形成强烈对比，暗示"变色龙"诗人对任何事物一视同仁的品性。

毛发，可高度反射太阳光中的可见光与近红外光，进而达到卸载多余热量的效果。如此，银蚁才能在每天离开巢穴的20分钟内无惧沙漠里150华氏度③以上的极端高温。或许，到21世纪中期，这类对极端环境的适应性案例将为我们带来无比重要的启示。毕竟，随着温室效应的不断加剧、人口数量突破90亿大关，我们将不得不思考如何进一步与极端环境共生的现实问题。人类内心深处秉持的个人主义价值观，到时候很可能只会留存在人们的回忆中。

　　这不禁又使我想起我那盆小小的"卵石植物"，它为了适应剧烈变化的环境而生，因而也具备了与此相衬的气质。它之所以堪称伟大，或许是因为它兼具表达两种基本的，但却截然不同的渴望的能力：对融入环境的渴望，以及对自我革新的渴望。我在想，自己之所以对"卵石植物"、竹节虫和那只海狸如此着迷，或许正是因为我羡慕它们都能不费吹灰之力同时满足这两种愿望。对它们而言，这种目标上的不约而同似乎是再自然不过的事情。我想，它们都拥有足够的想象力去认识它们生活的世界。这些物种以它们安静而确定的适应感、以它们与环境的相容性、以它们对归属感的坚定把握，深深地使我着迷。无论我们称之为"保护色"，还是简单地将其概括成"归属感"，人性的衡量方式或许并非源于我们如何在世界中脱颖而出，而是来自我们如何在其中寻求优雅与和谐。

---

③　约65.56摄氏度。——编者注

第四章 隐身爱好者

他们浮出水面。幽绿的水深不见底。

通过观察日光，她意识到他们一行人的潜水时间甚至不及一个小时。

人就这样在失重的情况下悄无声息地失去了自我，失去了参照物，恍然不知自己在时空中所处的位置。

——露西亚·伯林（Lucia Berlin）

一条黄高鳍刺尾鱼在我左手边漫无目的地游来游去，一群色彩斑斓的珊瑚鱼映入我的眼帘，一条品蓝色额斑刺蝶鱼慢慢地滑出我的视线。尽管近在咫尺，我依旧没能及时注意到南方有一大群赤魟正沿着海床游移，嶙峋的胸鳍顺着海床上的波状沙纹不断摇摆，这一切让我眼花缭乱。或许温德尔·贝里需要 3 天时间才能成为肯塔基密林中"一处小小的细节"，但在加勒比海平面下的 40 英尺处，我只花了大约 3 分钟就达到了类似的状态。这不禁让我好生奇怪，毕竟按理说，水下世界的活动通常要比陆地世界慢得多才对。

我之所以会出现在这里，都是因为被伊丽莎白·谢尔曼的潜水视频吸引。尽管视频画面抖个不停，看多了难免让人昏昏欲睡，却如实记录了人类在水下世界变换存在方式的过程。视频中的谢尔曼有时从鹦嘴鱼群中穿过，有时又在一旁现场拍摄蓑鲉的活动轨迹。无可非议，彼时彼刻她就存在于那里，但从某种重要的意义上说，她的存在感被淡化了。这种转变似乎正是达成虽未完全不可见但也并不会被察觉的"隐身"状态的关键。潜水不过短短几分钟，我便开始理解为何人类在水下会发生这种转变：我们的存在感发生了变化，可以说是既在那里，又不在那里。促成这种转变的因素不仅是地心引力的作用方式发生改变，还有水下环境其实会令我们产生一种与生俱来的熟悉感。人体有 60% 的组成成分都是水，自然，处于水下环境更容易获得被包容的感觉。沉浸在水中时，我们好像能识别出这些将我们裹覆其中的粒子，体内的血液仿佛终于有机会与这些粒子一起流动。人和水当然不存在分子生物学上的亲缘关系，却依然有种天然的亲密感。在水下，我们与周边环境形成了一种有别于以往的和谐关系。

我发现，这种关系会使人产生一种淡漠感。在水下 40 英尺处，我竟然不太能注意到那些带有条纹的鹦嘴鱼的存在。成群结队的黄尾雀鲷与银边鱼丝毫提不起我的兴致，一群小小的霓虹刺鳍鱼以超然的姿态游过，黄鳍马面鲀看似漫无目的地在一棵巨大的粉色海葵边缘徘徊。每个人偶尔都会有生活速度放慢、时间暂时停滞、日常节奏被打乱的体会，但在水下，这是事物切实存在的状态。尽管我们都处于这同一间幽绿色的房间中，但还是会有一种巨大的移居感。人类两栖动物的本性使我们既清醒地意识到自己与水下世界有着不可跨越的鸿沟，又得承认自己与这里有着深刻的联系。海洋之中，我找到了暂时逃离陆地世界的一处避难所。

在水下，我们与外部世界的关系重新得到了校准，既在某些方面受到限制，又在一定程度上获得扩展。水改变了我们看待事物的方式，这里的一切会被即刻放大、扭曲，就连颜色也会发生改变。人类的嗅觉在水下失去用武之地，因而也在某种程度上禁锢了我们的活动范围。人类的声音消失了，取而代之的是我们的呼吸声，这是一种会让人感到平静的温柔的重复。至于其他声音，听上去会更为沉闷。我们的耳朵生来就是为了接收在空气中传播的声波，但在水下，我们难以辨认声音的方向，耳膜也不大能与声波发生共振。也就是说，我们仍有听力，但没办法听得非常清楚。

好在触感依旧真实。水温大概高于 21 摄氏度，皮肤上的各种感受器使我得以感受到水下环境的温柔、清爽、流动、质感、振动与压强。据说，触感比语言或情感接触的作用要强上 10 倍[1]。当我在水下游动时，我能感受到周边的水是渐进的、流动的、悠闲的、多向的。我第一次潜水时的教练是位年轻的女士，她教给我几个应用于水下的手势，诸如"检查气压计""往上游"或是"听不见"。这些手势传达的信息平淡无奇，但我竟从中读出一种诗意，觉得她与肢体柔软的巴厘岛舞者一样优雅。在水下，我的物理存在感暂时消失，我感到自己的身体仿佛以某种内在的方式被非物质化了，正尽可能地与水波融为一体。水下世界的隐秘性并非视力上的不可见，而是对自我的消弭与同化，让我们体会到适应感的增强。尽管听上去有些诡异，但我甚至可以说，人类在水下能找回一种团结感。

人类在水下对物理存在的感知变化，还源于哺乳动物的潜水反射功能。当身体浸没于水下时，人体心率会下降10%—20%，血流速度也会减慢，并优先保障对重要器官的血液供应。随着心率与血液循环的变化，我们的神经系统也会做出相应调整，由此，身体上的悬浮感必然会激发起一种心态上的变化。这就是人们常说自己在深水中能感受到平静、安宁，并更易陷入沉思的原因之一。同理，这也是为什么有时心理医师会建议患者准备一盆冷水，在情绪激动或创伤发作时把脸浸进去；为什么有些自由潜水者能一口气潜至水下200米好几分钟，却只会感到平静——在这种情况下，没有了呼吸节律，人对时间的感受力会被进一步削弱。自由潜水者塔尼娅·斯特里特（Tanya Streeter）表示，深潜是一种找回自我的方式，也是一种很容易使人失去自我的方式。

普萘洛尔（Prapranolol）这种降压药也有同样的功效。这是一种 β 受体阻滞剂，在临床上被用于降低血压以及减缓预期压力时刻之前的焦虑。在偶尔服用这种药的时候，我发现自己的心脏不再"怦怦"直跳，双手不再颤抖，我的胃不再感到翻江倒海般的不适，嘴里也没了那种干渴感。我还是当下的我，只是身体的存在感微微下降，自我的感观被弱化了。但在加勒比海潜水时，我能更加切实地感受到自己如何因躯体感知的弱化而获得心理上的宁静。我戴上氧气面罩，背上氧气罐、调节器和一些重物，跳下水，开始呼吸，然后默默见证自己在水下慢慢"消失"，意识到这样做有多容易。

作为一名探访深水区中来来往往的"原住民"的游客，我发现自己变得无拘无束、不拘小节，能够置平常需处处留心的社交礼节与正确会意于不顾。我总是记不得怎样操作才能给面罩排水，看着别人做出各种潜水专用手势时，我的反应速度也谈不上快。平常游泳时，我还能手脚并用；但在潜水时，手臂动作却起不到实际作用，反冲也改为由臀部发力。由于体重较轻，我不得不在腰上缠上一块又一块额外配重，否则根本潜不下去。随身携带的氧气也总是很快被我吸完。"耳压平衡"这一术语指的是潜水者在向深水区潜入的过程中，捏住鼻孔或利用吞咽动作调整耳压的过程。经验丰富的潜水者在这方面会形成一种本能，但可能是我平常在保持心态平衡上就做得不怎么好的关系，我在维持"耳压平衡"方面也不大擅长。不同领域间的道理或许也是相通的吧。

尽管我在潜水领域还稍显笨拙，但在这座珊瑚的宫殿里一切都注意不到我，更别提在意我是否擅长潜水了。英国作家罗伯特·麦克法伦（Robert Macfarlane）曾写道，进入水域"好似穿越国境，你得踏过湖边、海岸、河沿，最终进入一块完全不同的领域，并因为存在方式的改变而出现认知上的颠覆 [2]"。这种"存在方式的改变"接近一种"去存在化"的状态，的确能使人重新调整对自身的认知，让人不由自主地把自己的位置放低，进而发现其他事物也不像以往认为的那样重要。期待、希望、渴求、恐惧与担忧——所有感观都将随之弱化，取而代之的是一种物理上的归属感。

我的朋友谢尔曼就是最好的例证。20多年来，她孜孜不倦地在大开曼岛周边水域从事珊瑚礁的生物学研究工作，熟谙珊瑚及许多其他海洋物种的活跃区域。谈及海洋生物在特定水温下的行为变化、鹦嘴鱼在某个早晨的幼仔数量、某个区域内的活珊瑚占比以及海胆数量的下降率，她都如数家珍。她还说，潜水体验美好得难以言喻、超乎想象："倾听海的声音，我感觉自己仿佛听见了地球的呼吸。"

这种慵懒感延伸到了人的思绪与印象中，对事物的观察就这样慢慢地来，又慢慢地去。一簇海葵在水里静静摇曳；3英尺长的淡紫色网状扇珊瑚以近乎不易察觉的方式摆动身躯；一尾蓝绿色的鹦嘴鱼悄无声息地从我身旁漂过；一大群小精灵似的紫色拟花鮨摆动着明黄色的尾巴，钻过我的身下。水生世界修正了我们辨认方向、采取措施和探寻路径的惯用方法。在这里，你可以从一个地方径直到另一个地方去，这是为什么呢？意大利小说家伊塔洛·卡尔维诺（Italo Calvino）在《看不见的城市》（Invisible Cities）中虚构了许多城市，并为每座城市命名。其中，埃斯梅拉达（Esmeralda）是一座水城，城里的运河与街道星罗棋布，交织成网。他写道："整座城市的交通网不在同一水平面上，而是错落有致的。你能看见起伏的石阶和平台、拱形的桥和悬空的街道。行人可走的通道永远不会只有两条，而是许多条。"卡尔维诺还认为，埃斯梅拉达的地图"应该用不同颜色的墨水标注上每条大大小小、或明或暗的陆路与水路[3]"。纷杂的道路提供了无限的可能。此刻，看着眼前这些闪闪发光的游来游去的神仙鱼，我瞬间想起埃斯梅拉达，仿佛它们就在这座水中王国的拱廊上穿行。我见过人类以最接近海洋生物的状态在水里游移、徜徉的场景，这来自几年前朋友给我看的一段 YouTube 视频。视频中，一群日本青少年身穿色彩鲜艳的连体服在海里嬉戏。他们有时静静地漂在海上，有时游来游去，甚至偶尔还会撞到彼此。一个身穿亮蓝色泳衣的男孩和一个身穿明黄色泳衣的女孩亲密地互相打闹，另一个身穿鲜绿色泳衣的男孩静静地漂浮在他们身边。这帮孩子身穿几乎让人无法分辨其身份的紧身衣，三三两两地聚在一起开派对。偶尔他们也会在这种弹性材料的裹覆下互相拥抱，因为据说身份的隐匿反而能强化人的感观。日本人将这种从头裹到脚的连体紧身衣称为"全包紧身衣"，它并不总是与"束缚"或"色情恋物癖"有关，有时它的作用只是单纯地隐藏身份，使穿着的人得以无拘无束地释放天性，在不受约束的情况下做出某些行为。尽管此时我突然想到那些兴致勃勃的日本青少年，但在海洋世界中，匿名或坦率、张扬或内敛，都不过是遥远而抽象的概念。身处水下世界，无论是被同化还是被吸纳，都是不费吹灰之力的。虽然这些海洋生物的外表华丽缤纷，但它们在将自己完美融合进大自然这方面可谓收放自如，堪称大师。

20 世纪 20 年代，时任纽约市水族馆馆长的查尔斯·哈斯金斯·汤森德（Charles Haskins Townsend）记录了馆内展出的热带鱼改变自身颜色与表面图案的方式。1910 年，他为纽约动物学会（New York Zoological Society）撰写了一份题为《海中变色龙》（*Chameleons of the Sea*）的论文，记述了某些热带鱼在不同行为（如追捕猎物、求偶和警示危险临近）下的皮下色素细胞发生的应激反应。环境越多变，热带鱼的颜色变化就越多样。据汤森德观察，这些热带鱼的行为反应是所处环境与个体性格共同作用的结果。一条热带鱼不只是简单地对岩石、沙砾或水体做出反应，也会视"心情与人为刺激"给出相应的反馈。警惕、恐惧、惊异和沮丧，外加这些水生动物本身的颜色与表面图案，共同形成了一套复杂的变色机制。

一群蓝灰相间的条纹梭鱼有着最简单的"调色板"机制，原先整体的银色调能很快与水体颜色化为一致。不过，有些海洋生物的变色策略更为酷炫。例如，黄色的喇叭鱼可以在水里垂直移动，把自己伪装成周围珊瑚的树枝状结构。有时，它还会尾随体形更大的鱼，将自己隐蔽于大鱼的采食点中。喜欢蛰伏于壳状地衣上的蜘蛛蟹，其本体的玫瑰色与地衣上的亮粉色斑点浑然一体。比目鱼体表精美玫瑰花结般的棕色鱼鳞，几乎与凹凸不平的海床表面没有半点差别。海鳗的斑点图案让它可以完全藏匿在珊瑚礁的裂缝里。蝎子鱼多色的斑点状外表与其栖居的藻类在视觉效果上别无两样。单斑蝴蝶鱼身上的斑点是定向目标的诱饵，其存在目的是迷惑捕食者——确切地说，是迷惑捕食者的眼睛。鹦嘴鱼在夜间能够分泌出一层有黏性的薄膜状物质，以隐藏自身气味，以防被天敌发现。所有这些海洋生物极尽绚丽的外表，却个个堪称"隐形"大师。或许，有多少种海洋生物，就有多少种隐藏自己的方式。

远离海岸、岩石与珊瑚礁的深海，为我们上了一堂更高等的"隐形课"。海洋生物无所遁形，却有各种各样的方法使自己变得"透明"。这无关色素沉积，只是善于利用光的模式而已。鱼类的扁平体形只允许最少量的光线直接穿透它们的身体。或者，它们还可以利用反光机制——一种简单的物理系统，让微小的银色鳞片在体表竖起，像一面面镜子，以此反射照在身上的光线。此外，部分鱼体内有自己的发光器，发出的光线会将上方游动的捕食者[4]迷得晕头转向，还有些鱼有能力在水中散射偏振光。海洋环境本就是一个偏振光场，光波在其中朝单一的方向传播。月鲹就是能够在其中探测并利用光线形成优势的一种鱼，其皮肤中微小的血小板能够反射偏振光，干扰捕食者的判断。如今，这种视觉干扰操作已成了军事战略家热衷研究的对象，有望凭此技术使"隐形潜艇"成为可能[5]。

对于所有令人眼花缭乱的海洋生物而言，也有某些平凡的事情正在发生。当然，这一切并非对周遭环境漠不关心的芭蕾舞，而是一场充满目的、功能和动因的演出，正如捕食、消费、繁殖和其他所有我们在日常生活中熟悉的活动。在我左手边悬浮着的蓝刺尾鱼正在物色可以填饱肚子的海藻；单斑蝴蝶鱼正在寻找不幸的微型无脊椎动物当作自己的盘中餐；如若不小心与火珊瑚擦身而过，它散出的刺丝胞很可能会蜇伤我；还有长着黄色刚毛的火刺虫，静静地栖息在珊瑚礁表面，随时准备给不小心碰到它的生物扎上一针，向冒犯者的体内注入一种可引发剧痛的毒素。这些是海洋生活中的日常片段，这些"不起眼"的特征在海洋里是司空见惯的。只有如此，这些水生生物才有可能生存下来。

某天早晨，谢尔曼潜水回来，告诉我她刚刚发现了一条6英尺长的铰口鲨。谢尔曼游上前去，想为它拍一张近照。她回忆道："当然，换作是一条大白鲨、虎鲨或牛鲨，我肯定会被吓个半死。"在谈论到她在水下的行动时，她继续道，"我在那里，却不自知。我知道正在发生的一切，我是那个场景的一部分。"几天后，我俩一同外出游泳，遇到了一丛鹿角珊瑚。这是一种近年来正越发变得少见的物种，如今却在这里长势迅猛。它出乎意料的繁殖力令谢尔曼激动不已，就连在水下，我也能分辨出她兴高采烈的样子。这丛鹿角珊瑚伸展出橄榄绿的枝，旁边生长着一簇茂盛的黄色铅笔状珊瑚。一群黄仿石鲈——闪着黄色和银色条纹的小鱼，在这些珊瑚间游进游出，颜色几乎与它们融为一体。它们微微闪烁的外表为整个珊瑚礁平添了几分生机。两个物种的生物电引起了磁场共振，为彼此增添了新的活力。

不一会儿，等谢尔曼和我回过神来时，发现我们已随着几条大型梭子鱼游出了一段距离。它们中体形最大的一条将近5英尺长，就那样闲适地轻轻漂浮着，全然不顾捕食者随时可能发起突袭。此时已近日落，正值这些梭子鱼的觅食时间。我们朝反方向缓缓游去，看见一条长着斑点的豪猪鱼顶着荒诞无比的硕大头部，漂浮在我们下方的海床之上。没过多久，我又遇见一头体形巨大的玳瑁海龟。它一边沿着沙地划水，一边将沿途遇到的海藻与海草吞进胃里。它背着3英尺的甲壳，粗壮的四肢布满斑点，支撑着它以一种笨拙的姿态前进。谢尔曼曾说："潜水时，我的一部分消失了。"现在，我好像突然明白了，这种细微的自我亏缺正是我们在海里感到如此轻盈的关键所在。或许，这种自我亏缺所带来的快乐并不仅仅来源于感官上的新奇、零重力下的刺激，还源自一种对自我灵魂的感受。毕竟，其实每个人从出生起就知道，有时将日常生活抛之脑后也是件好事。

水中世界与画家萨尔瓦多·达利（Salvador Dalí）那天马行空的想象力一样，足够超现实主义。在达利于1932年创作的作品《看不见的男人》（The Invisible Man）中，他用云朵作金发，以瀑布为双腿，将废弃建筑化为躯干，共同构绘出了一个"不存在的"男人。这幅作品创作于这位艺术家自称的"偏执狂时期"，反映出他对自己被周边环境所消耗吞噬的恐惧。达利对个人身份的认知受到冲击，他甚至一度在将其解体的边缘挣扎。遗憾的是，达利生前从未前往热带海域旅行，更别提对包括人类在内的哺乳动物的潜水反射有所了解了。他会将一枚把自己包裹在珊瑚枝中的篮状海星看作什么呢？一块星形的海绵？还是一只橙色的大象耳朵？或者是球、桶、管子、花瓶和绳子？也有可能是外表形似银色鸡毛掸子的海虫？更别提还有那些形如铅笔、叶片、莴苣、绳结、开瓶器、鹿角、手指、枝状烛台、线团、餐盘、门把手、仙人掌、茶杯、大脑、纽扣、羽毛和扇子的珊瑚。这时，他还会坚持自己的偏执吗？如果他目睹发生在水下 40 英尺处的盛大狂欢，那么他对"身份消融"的恐惧说不定会转变成一种渴望，他本人也会从"隐身恐惧者"转而成为一名"隐身爱好者"。

上岸后，谢尔曼对我说："我这个人虽然无关紧要，但同时也是某些超凡事物的一部分。"我将它当作对从陆地到海洋、从人类到动物再到植物、从地表到水下的探索经验的参考，对被探知到的独立自我存在缺失的承认。事实证明，这种与海洋和谐统一的感受也有其心理学依据。近年来，研究人员已在探究我们为何能在水下世界找到归属感的问题上取得了长足的进步。正如其他形式的运动一样，潜水与游泳也能使人体产生肾上腺素和内啡肽，这些都是使人神清气爽的神经递质。但是浸泡的状态也会引起人体内儿茶酚胺的平衡的改变——这类激素可以控制人体内的血液流速，调节面对压力时的被动性反应[6]。换言之，仅仅是待在水下，我们心里或许就能获得一种宁静的感觉。

英国格拉斯哥大学的地理研究员伊丽莎白·斯特劳恩（Elizabeth Straughan）的研究领域是"触觉学"（Haptics）。这是一门探究人类如何处理感官信息的学科。斯特劳恩的研究范围涉及机体辨识自身情况与接收外部环境信息的各类方式，如触觉、方向感、平衡感、运动等。人体皮肤如何帮助大脑形成对外部世界的印象也是斯特劳恩的研究课题之一。在探究触觉机制的过程中，斯特劳恩观察到，触感形成的前提"必须是人体借助非智力、潜意识与认知性的方式[7]，确定空间的存在并认清空间构造的过程"。斯特劳恩还探索了触觉究竟如何参与并影响我们对思绪与感受的塑造，以及外部环境中的材料、纹理、空间及各类物理特性如何影响着人类的认知与体验。

斯特劳恩认为，能使人在水下保持方向感的机制既是缄默的，又是活跃的。"动觉"（Kinesthesia）是人体感知身体哪个部位正在运动以及如何运动的能力——我们探知自身的身体部位所处位置的能力也会因其开始作用。由于水的密度大于气体，因此人体内的气体在水下环境会受到挤压。潜水者能在水下 40 英尺的地方体会到这种物理挤压感，由此进一步加强与外部环境的联结感。"当环境中的物质结构与水、气体、人体内脏器官以及外部空间发生作用时，会引发一种强烈的感受，与我们在陆地上习以为常的感受全然不同。"斯特劳恩在研究论文中写道。

不仅如此，这种感受还因呼吸与浮力之间的本质关系得到进一步增强。潜水者用呼吸来应对浮力：吸气，使肺部充盈，身体微微上浮；呼气，将肺内空气排出，再让身体微微下沉。因此，一个人的呼吸方式会对其身体姿势与位置产生直接影响。在日常生活中，人们通常借助冥想来体验这种放慢速度持续呼吸时的专注感；但在水下，呼吸、运动与位置之间的联系才更富内涵。同浮力一样，人在水下的空间方位感也由前庭系统负责。前庭系统位于内耳，负责控制人体在物理空间中的平衡运动。再加上人在潜水时身体会保持水平状态（这种姿势会唤起许多人对于"飞翔感"的体验），斯特劳恩认为，水质、水深及相对静谧的环境——这些对水下运动的体验共同改变着人的心理状态。她说，所有这些感受都有可能"调动情感"，而这或许正是如此多的人认为水下世界能够治愈心灵的原因所在。

这种作用，与其说是"消失"，不如说是将至关重要的重量、物质和空间重新排列的结果。当我们眼前只有一片汪洋大海时，我们就有可能从"无垠"联想到"自由"。我们的存在与周围的环境息息相关，在更宽广的世界中体验着融入与包容。不仅仅是我们的空间意识在此得到修正，我们的人性也因此得到重塑。航天领域用"总观效应"（overview effect）一词形容宇航员从外太空注视地球时的心态转变。看着沿轨道运行的大理石般的蓝色星体，宇航员会对地球上的生活产生新的体会，再次审视传统的区域与国家边界，深入思考人类在其中的状态，并不可避免地重新评估我们赋予自己的重要性是否合理。不难得知，20世纪40年代那第一张从外太空拍摄的地球照片标志着人类认知发生改变的转折点。深海体验或许与此有着某种异曲同工之处，也许可以被称为"底观效应"

（underview effect）之类的。不同于从外太空俯瞰地球时形成的距离感和疏离感，人在深海中的视角只能是仰视水面，体会到的是包容与联结。尽管如此，深海体验依旧刷新着我们对自身所处位置的认知。

斯特劳恩坚持认为，特定环境能激发相应的情绪体验[8]。一旦经历了这样的感觉，我们能否以某种基本的方式留存住它们呢？人的记忆又能否在必要时唤起这类体验，甚至将它们应用于其他方面呢？我们并不需要时刻活在别人的目光之中。美国记者莉莲·罗斯（Lillian Ross）曾说，设想让一名记者"隐形"是非常愚蠢的。她说，他们就在那里，就在当场，见证着每一个时刻。或许他们自身正是新闻报道的一部分，他们对事件的观察甚至可能影响事件的进程。尽管如此，记者也不会是整个事件的核心。或者，正如我的朋友谢尔曼所言："你得注意，这个世界并不会以你为中心。"这正如一些潜水员所说的那样，潜水练习总是会让他们"从自我中解脱"。

一条黄色的啮鱼从我身旁快速游过，还有一尾蓝色的鹦嘴鱼从我下方轻盈地掠过。在它们眼中，我的存在毫无意义。

第五章　隐形墨水

一切皆可擦除。

——弗雷德·摩腾（Fred Moten）

正如许多孩子一样，小时候的我也在学校里用柠檬汁和电灯泡做过简易的化学实验，并由此接触到"隐形墨水"这种东西。只要遵守实验教程，就能让写下的字迹消失不见。此后，我用牙签蘸着自制的"隐形墨水"写下了许多信件、诗句、日记甚至忏悔。时至今日，我已记不清自己当初具体写了些什么，但在当时，小小年纪的我就已感受到，原来"字"也是客观存在的，它们来去自如，有时甚至还会完全消失。进入青春期后，某天早晨，我家邮箱收到一份寄给父亲的包裹，里面装着一份解密的中情局文件。正是经由这些文件，我才知道原来语言也有寿终正寝的一天。父亲曾是一名新闻工作者，也写过人物传记，他之前为《时代周刊》供稿，后来成为《生活》杂志的战地记者。50多岁时，他先后在日本和泰国居住过，并在曼谷设立了亚洲基金会的办公室。这个组织致力于协助美国与亚洲新兴经济体进行战后谈判，在推进双方建立友好关系的过程中发挥了积极作用。如今，父亲正酝酿撰写一部回忆录，因为对在泰国工作期间的局势信息感兴趣，他向中情局申请，获得了这份解密文件。

这份文件中的信息其实是非常难以辨认的。每页都有大段大段的字句被涂黑，看上去就像文字与阴影的随机组合。印象中，父亲盯着这份文件无奈地挑起眉毛，最后他耸耸肩，对着这份报告不屑一顾地挥了挥手。母亲在一旁看着他笑得前仰后合。就这样，这份无法阅读的文件躺在客厅的桌子上，很快就成了我们家的笑料。当然，我们也曾好奇那些被涂黑的内容究竟是什么，却没人真的想对它们做些什么。

这并不是说我们一家都是缺乏探索欲的人，我们对未知的事物也怀有一种接受甚至欣赏的态度。作为一名传记作家，我的父亲深谙揭露之道，了解收集、整理和剔除细枝末节以展示事物全貌的方法。他记得在东南亚驻守的那些年，自己见过谁，和谁一起喝过酒，又亲眼看见过什么。我想，他对中情局视为"机密"的信息仍然有些好奇，但我们都深知，每个家庭都有被"未知"及"不可知"事物绑架的时候。或许，那些所谓"机密"的信息其实平淡乏味、尽人皆知，却仍值得我们尊重。那份可笑的中情局文件让我联想到 20 世纪 60 年代末期的美国社会文化。当时，"静音"按钮出现在电视遥控器上也不过才短短数年时间。荒诞派戏剧与爱尔兰作家塞缪尔·贝克特（Samuel Beckett）的作品中充斥着大量让人难以捉摸的静默桥段，连续的画面也总是被不合时宜地打断，整部剧作却因此承载着更深重的内涵。它们都是现代文学的领航员，因为在今天，这些剧作中"消失的台词"与中情局文件中"消失的文字"遥相呼应，产生着深深的共鸣。

"你看不见它，但它就在那里。"荷兰书籍设计师伊尔玛·博姆（Irma Boom）说。她于2013年设计了一款图书，旨在向"香奈儿五号"香水致敬。这本书没有采用墨水打印，从版权页上的文字到插图上玫瑰与茉莉花瓣的轮廓，再到正文中可可·香奈儿女士与毕加索的名言语录，书中所有文字与插图一律以单色压刻在300页白纸上，每一页都是纯白的。这本书意在探索文字怎样才能以不那么显眼的方式呈现在人们面前。那一页页纸是如此模糊、脆弱，却又充满暗示，传递出一种难以言喻的主旨，这样的页面或许正适合作为一本香水传记的载体，但更重要的是，它们亦可谓21世纪的新型图书馆的一部分——这些馆藏的文字，正在以这样或那样的方式处于消失的过程之中。或许，在卡尔维诺用各色墨水标注的城市地图中，也包括了那些完全不可见的东西。

俄罗斯的贝加尔斯克于2017年冬季修建了一座冰雕图书馆。这实际上是一系列排布得如迷宫的墙，墙体由大块冰砖堆砌而成。图书馆中收藏了420本"书"，每本都是墙上的一块"砖"，每本都镌刻着全世界人民的愿望与憧憬。1月，艺术家在冰块表面完成雕刻，等到4月它们就会融化殆尽。中国艺术家董颂（音译）出身于一个贫困的家庭，父亲鼓励他用蘸着水的毛笔在石头上书写来练习书法，这样就可以省下墨水和纸的开支。若干年后，长大成人的他重新开始接触书法，这项沉默的艺术逐渐融入他的日常生活。石板、路面与人行道都是承载他创作的对象。2005 年，他来到纽约时代广场，在混凝土路面上书写，可他的文字在地面散发出的热量下瞬间蒸发了。当我端详着他为这幅作品现场抓拍的照片时，仿佛正在见证文字消失的过程。它们之前在那里，后来又不在了。

消失的文字没有什么可新鲜的。纵观人类历史，它曾服务于人类的想象力，提供了实用性，甚至有时还能满足一些可怕的需求。古罗马诗人奥维德（Ovid）强烈主张情侣们使用牛奶写信、互诉衷肠，收信者可以用碳粉使隐秘的文字显形。美国独立战争期间，乔治·华盛顿（George Washington）曾用从五倍子中提取的单宁酸记录机密信息。著名化学家莱纳斯·鲍林（Linus Pauling）曾试图利用细菌配制隐形墨水。近期，中情局解密了自 1969 年以来的 93 万份文件，其中不乏各式研制隐形墨水的朴素配方，而且许多出人意料地富有诗意。例如，其中一则写道："取少量稀释的淀粉溶液，加入少许碘酒，用混合而成的蓝色液体写下的文字很快就会消失。"另一则配方的主原料是氯化钴，用这种溶液写出来的字在人体体温加热下即可显形，而温度下降后又会消失。还有的配方写道："将洋葱、洋蓟、韭菜、卷心菜或柠檬等蔬菜水果榨汁，以此汁液写出来的字，（可能）会在经熨斗加热后显形。"在其他情况下，出于不同的动机，人们也会借助一些手段使文字隐形。例如，有时候尿液就是囚犯们会采用的材料。在被流放到劳改营期间，乌克兰诗人伊丽娜·瑞辛丝卡雅（Irina Ratushinskaya）曾用火柴棒的一端在肥皂上写诗。她写完，在心中记下诗句，就用水将肥皂表面的痕迹洗掉。

在当今这个信息过载的时代，消失的文字对于人类沟通的价值有增无减。出乎意料的是，空白的纸张、褪去的文字和删掉的句子好像都在告诉我们，转瞬即逝的表达既能满足人类对时效性的要求，又能进一步发挥我们的想象力。这些都是有意义的。我们不是想要向外界传递信息的囚犯，而是信息时代的"俘虏"。在沟通过程中产生的信息量在这个时代里以不可估量的速度递增。Twitter、Facebook、Instagram、Tumblr（汤博乐）及Pinterest（拼趣）等社交平台上永不停歇地进行着数据交换，我们却早已对此习以为常，甚至已经将其当作日常生活的一部分。人们无须再像以前那样蹲守晚间新闻，因为现在新闻会被24小时不间断地推送。当我在本地天气预报网站上查看冬季天气情况时，电脑屏幕上会显示出每场风暴的名字，还会时不时地弹出动物救援机构的组织标语、果汁广告或者本地某银行的实时汇率。我的一个演员朋友告诉我，单纯地播放电影已经不足以满足现在的观众的需求，他们还要求拥有环绕式的影院体验；导演不能只产出一部电影作品，还得向观众展示整部电影的筹划过程花絮，并拍摄好几个备用结局。曾几何时，一本杂志只有一个封面，但我前些日子收到的一本邮寄来的杂志，竟然同时带有三个封面。

为什么我们不能试着欣赏空白页呢？固然，当今的人在沟通过程中已经习惯创建文本与图像，但对删除它们也已同样习以为常，这就是视频播放器存在"快进"功能以及广告拦截软件出现的动因。当然，我的手机带有"隐形墨水"功能，允许我将短信中的文本隐藏在模糊的动画像素后面。当我想还原文字时，只需轻划屏幕，杂乱的像素点就会瞬间组合成可供识别的文字或图像。现在还有一款名为"Signal"的短信服务应用程序，可删除用户数据，并对电子信息进行加密，这样除了收信人之外，谁都无法解读这些信息（据称，2016年美国总统大选后，这款应用程序的用户量激增了400%）。当然，现在还有一款程序，专门用于阻止新闻的传播，防止实时新闻推送得过于频繁，偷偷吞噬掉个人时间。我家附近的史泰博（Staples）办公用品连锁店的过道里摆满了高性能、防卡纸的电子碎纸机。文本和图像的删除功能无疑是应对嘈杂环境的救星。人们如今谈论着"看不见"和"说不出"的各种事情，就像这些真的是人类力所能及的一样。

尽管新兴技术层出不穷且各具独创性，但在隐晦表达方面，最有说服力的或许仍然莫过于艺术家和作家。1953年，艺术家罗伯特·劳森伯格（Robert Rauschenberg）手拿一瓶杰克·丹尼威士忌前去拜访画家威廉·德·库宁（Willem de Kooning）。劳森伯格想请德·库宁为他作一幅画，只是未来他可能会将这幅画擦掉。德·库宁用墨水、蜡笔、铅笔、炭笔和油性颜料不情愿地满足了劳森伯格的请求。后来，劳森伯格费了几十块橡皮，花了数月时间，才将画中的内容全部擦除。后人对成品《被擦掉的德·库宁的素描》(*Erased de Kooning drawing*，以下简称《素描》)的寓意解读不一。有人认为它是劳森伯格对抽象表现主义、艺术丑化与破坏行为的抗议，也有人认为它是劳森伯格在艺术上的"弑父"行为（只有把"父亲"杀掉才能凸显自身才华），还有人认为这只是一种对虚无主义的致敬。但劳森伯格自己将这种行为描述成"纯粹的诗意"。《素描》中那些被涂抹、擦除的内容，最终不过是脱胎于原作的游魂。它们仿佛在说，绘画创作的实际过程也能被颠覆、反转，而且，这种行为可以是优雅、有针对性且技巧精湛的。

美国画家赛·托姆布雷（Cy Twombly）在油画布上创作的书法绘画看上去像是被人随意涂抹在一块黑板上的涂鸦，以转瞬即逝的姿态被快速地即兴创作出来，再被随意地抹除下去。在瑞士艺术家布鲁诺·雅各布（Bruno Jakob）创作的"隐形"系列画作中，只存在光线、空气和水，以展示出这些"无形之物"不可磨灭的印记。中国艺术家张洹从佛教寺庙中收集香灰，再用这些本体消弭的产物誊写《圣经》选段。为了使作品不那么一目了然，他故意将通俗易懂的文字转化成布莱叶盲文。美国艺术家珍妮·霍尔泽（Jenny Holzer）通过改编已解密的战争记录，创作出一系列艺术作品。她用爆炸性的展示方式，使观众聚焦于诸如虐待战俘、政府密谋及隐瞒军事信息等种种行径。她将这些原本被隐藏的信息重塑，提供了另一种展示的方式，使它们暴露于众目睽睽之下。

日本艺术家河原温（On Kawara）创作了许多幅以日期为主题的单色作品。这些作品的底色均为红、蓝或灰，每幅画作只以无衬线罗马字体呈现出一个具体日期。画作下方被巧妙地设计成一个盒子，里面收纳着当天的报纸。河原儿时亲历广岛、长崎的原子弹事件，深受影响，从此便一发不可收拾地执迷于记录日期以纪念流逝的时光，并由此证明人类在飞逝的时光中所获得的体验可以被以保留与封存的形式勾勒出来。丝毫不出人意料的是，这位艺术家基本不接受媒体采访，就连他本人的照片也很少为人所见。

2004 年，美国视觉艺术家安·汉密尔顿（Ann Hamilton）在麻省当代艺术博物馆展出了一件引人注目的艺术装置。在一间偌大的空屋子里，她借助某种安装于天花板上的机械装置，以某种看似无序、实则有序的方式，使无数张半透明的白色薄纸一张一张地散落在地板上。它们会积落成一个又一个的纸堆，之后，她再用同一个装置将这些纸从地上吸回。这个过程每天、每周、每月循环往复。"你可以看到这些纸上空空如也，却充斥了整个房间……这些空白的纸张，就像张开的嘴巴，代表着口述或书写的可能性。"汉密尔顿对自己的艺术装置这样描述道。但就在某个下午，我穿过这间屋子，方形的白纸缓缓地飘向地板，我从中看到了无声事物的客观存在。我可以感受到，有的时候，这些事物能够填满的不仅是一个房间，还有一段人生。

然而，对"静"的需求最为迫切的领域或许莫过于当代诗坛。美国诗人苏珊·豪（Susan Howe）的诗集《嬉笑建筑》（*Frolic Architecture*）得名于爱默生对暴风雪肆虐的情景的描述。当时，豪的丈夫突然离世，悲痛之际，她读到汉娜·爱德华兹·韦特莫尔（Hannah Edwards Wetmore）于18世纪写下的文字，从中感受到了与己相同的丧失之痛。于是，豪从中选取部分文字与句子，对它们进行了二次加工：其中一些文字被"看不见的"透明胶带粘住，胶带的黏性将其从页面上剥离；另一些地方，文字彼此交叠。有的文字位于页面正中央，有的又被切成几段，散落于页面边缘。不同轴线上发展出各类线条，但所有线条均是碎片化、试探性的，看上去似乎将静默分层堆积在一起。美国诗人、艺术家简·柏尔文（Jen Bervin）在其著作《网》（*Nets*）中以莎士比亚的十四行诗文体创作出富有个人特色的一系列诗歌。原始的文字内敛而微弱地浮于页面，但柏尔文用深色墨水将其中一些文字提炼出来，这是对原始文字的过滤，也是一种重新塑造。

美国诗人玛丽·鲁夫尔（Mary Ruefle）创作了一系列书籍作品，以文字的刻意缺失昭示出古旧文字在意义上的改变。古籍手册、被遗忘的小说、老旧的历书和讲述古人智慧的古训书均是鲁夫尔的改造对象。她用修正液和一点胶带将字迹抹去，每页仅留下一小部分单词，再将它们重新排列后就会产生全新的、毫不相同的、令人难以捉摸的含义。这一系列作品旨在向人们传达，文字、短语甚至整篇文本都有可能随着时间的推移和记忆的流逝重新排列组合，经验本身或许只用一支软铅笔就能记录下来，也可以用一块橡皮擦轻易地涂抹掉。我自己就收藏了这个系列中的一本，这是一本出版于1870年的小手册，教人如何玩一种耐心游戏。在名为《正统派》的章节中，有一页纸上的所有文字都被人故意用修正液弄得模糊不堪，只因"当你心不在焉时，必须看得很仔细才行"。诸如此类的文字处理一页接着一页，被略去的文字一段接着一段，它们记录着思绪、知识与认知在过去数十年间被人忽略的方式。但或许创作者最想传递给我们的信息是，耐心与等待，本身就是将时间抹去的过程。

"人生绝不仅仅只是活着。"鲁夫尔在谈及个人作品时说道，"人生也比我们任何一个人所能承受的都要沉重。所以，要么是人生被时间渐渐擦除，要么是时间随着人生的展开渐渐流逝。我们自身会消除许多东西，这些东西，有的被我们遗忘了，有的超出了我们的认知范围，还有的尚未被我们经历过。行将就木时，即便过去那有限但'圆满'的一生，也将变得愈加遥远。幸运的话，你可能还会记得某个地方或某个人，其他东西都已在你的人生中变得了无痕迹。没有人会在临终前一字不落地回忆完过往的整段人生[1]。"尽管鲁夫尔的作品堪称人生苦短的宣言，却仍然富有触感。它们是实实在在的书，可以被读者捧在手里，是文字会被时间逐渐侵蚀的确凿证据。这也就解释了为什么她会说："当我在做这些事情的时候，我并不觉得自己在擦除什么——我是在从无到有地创造某个东西，将它变成现实。这一系列作品并不完全旨在表现'隐形'的意象，反而更多地指向'有形'²。"不可避免地，这种缺席不可思议地明显，甚至是一种实质性的体现。其他一些"擦除"的方法则更为概念化。美国诗人乔舒亚·班尼特（Joshua Bennett）曾发表过一首诗，名为《用武力捍卫家园：死亡推论》（*Home Force: Presumption of Death*）。他从佛罗里达州颁布的所谓《捍卫家园法》（*Stand Your Ground Law*）①的正文中提取素材，先是将其中一些文字刻意隐去，再对剩下的文字进行改装，最后形成的文字强有力地控诉着那些对毫无防备者施加的暴力行径。美国作家、诗人尼克·弗林（Nick Flynn）在其诗歌《七证（节选修订版）》[*Seven Testimonies (Redacted)*]中重构了伊拉克阿布格莱布监狱中被关押者的证词，用犀利而不失新颖的方式向公众展示出虐待行为如何消磨人的斗志。出于对被关押者的尊重，弗林还在书的封底处附上了口供的原始抄本。美国设计师乔纳森·萨福兰·弗尔（Jonathan Safran Foer）的创意书籍《树木编码》（*Tree of Codes*）脱胎于波兰籍犹太作家布鲁诺·舒尔茨（Bruno Schulz）的短篇小说集《鳄鱼街》（*The Street of Crocodiles*）。后者讲述了一系列有关某座神秘之城的故事。在这座城市的地图上，这条被称为"鳄鱼街"的街道被蒙蒙的雾盖住，呈现出如未经探索的无人之境般的景象。但在

---

① 美国佛罗里达州政府于 2018 年颁布的一部法律，规定凡遵纪守法的本州公民及暂住人员，有正当权利对私闯民宅或侵入自有车辆的人动用防御手段，即便造成对方死亡，仍属于正当防卫范畴。

《树木编码》中，作者弗尔对《鳄鱼街》的内容进行剪裁，"擦除"的结果最终成了一本触手可及的书。一小块一小块的文字以近乎暴力的方式被剜掉，剩下的只言片语反而让人对其周围突起的尖锐毛边更加在意，引发出对"不存在的事物"的无限遐想。弗尔将这个过程比喻成"在墓碑上拓印"，或是"抄写这本书中可能蕴含的一个梦境"。他说："我从未记住过如此多的短语，随着文字剪裁工作的推进，我也从未遗忘过如此多的短语[3]。"与看得见的文字一样，消失的文字也传达着相同的意义。

如今，一些平淡无奇的商业活动也喜欢拿消失的文字来做文章。诸如《男人除了性还在想些什么》（*What Every Man Thinks about Apart from Sex*）、《老去的快乐》（*The Joys of Getting Older*）和《萨拉·佩林的智慧箴言》（*The Wisdom & Wit of Sarah Palin*）等口水书，都用了整本空白页以示对有关主题的讽刺。2006年，克罗地亚广告公司 Bruketa & Zinic 为欧洲食品生产商波德拉夫卡（Podravka）设计了题为《干得漂亮》（*Well Done*）的年度财报。厚厚的财报中夹着一本小册子，乍看之下一片空白，实则用热敏墨水印刷着各种食谱及插图。只有用锡纸将它裹住放进烤箱里烘烤25分钟后，才能使其中的内容显形。

美国图书出版商 Wave Books 的官方网站提供了一个链接，点击之后，访客即可对弗吉尼亚·伍尔芙（Virginia Woolf）、亨利·詹姆斯（Henry James）、赫尔曼·梅尔维尔（Herman

Melville）及伊曼努尔·康德（Immanuel Kant）等文学巨匠的作品进行改编，形成自己的"原创"诗作。根据该网站的介绍，"'擦除'这一过程能使我们以任何文字为样板，创作出属于我们自己的诗歌"。访客选取一位文学巨匠后，其作品原文将出现在屏幕上。接下来，只需点击任意一个词，即可使它消失或重现。访客将看见文字重组后形成的诗句，甚至还能对这些诗句进行二次重组。此外，网站还带有随机创作功能：访客只需点击按钮，就能使页面上 50% 的文字同时消失，但这无法确保剩下的文字能够具有任何显而易见的逻辑、顺序或关联性。看哪，这难道不也是一首妙手偶得的诗吗？

正如烘烤后才能显形的文字一样，这种写诗的过程乍看之下未免略显仓促肤浅，仿佛是在文学爱好者面前班门弄斧，就像是一种油嘴滑舌的练习，一个在晚餐上表演的新奇宴会游戏，或是拼字游戏的某种变体。然而，人们此时把玩的不仅是文字，还有文字周围的空间。话说回来，如果说拼凑文字这一行为带有仓促、快速和即兴的色彩，那么使文字消失的行为亦是如此。我曾不止一次访问那个网站链接，发现这种令人着迷的作诗过程与平时常玩的拼字游戏恰好相反，我为自己的这项发现感到喜悦。拼字游戏是让人填满空格，而改编诗句则是要人刻意在文字间创造空白。尽管我无意以这种方式创作一首诗歌，却在不起眼的地方发现了"此时无声胜有声"的力量，沉默是语言的一部分，同一页纸上的文字以不同的方式消失也能传递出不同的信息。

在人们的印象中，抹去内容的行为通常是"审查"所引起的。尤其在战时，常常需要删去或改编通信与报告中的大量文字内容。但在1973年，故事的空白变成了故事本身，一时间登上各大报纸头条的正是一桩涉及"抹去内容"的丑闻。时任美国总统的尼克松及其幕僚长霍尔德曼（H. R. Haldeman）曾有一段讨论"水门事件"如何善后的长达18分钟的对话，可这段对话的录音却不知如何已经被人销毁。正是这一行为促使有关方面对尼克松展开了刑事调查，并最终迫使尼克松下台。时至今日，尽管关于谁销毁了这段录音以及使用了怎样的销毁方式仍无定论，但这个行为本身无疑加速了尼克松政府的倒台。无论是这18分钟的时间，抑或在此期间发生的对话本身都悄无声息地蒸发了，反而将"水门事件"的公众关注度推向高潮。录音带上的空白不仅代表着政治上的越轨行为，从更广义的人类交流范畴上讲，它还与20年前劳森伯格擦掉德·库宁的素描一样具有里程碑式的意义。即便到了今天，"18分半"这个词不仅会使美国人立刻联想到一位目无法纪的前总统，也仍然能让人感受到"抹去内容"这一行为本身的力量。这种力量恒久不变，神秘如一个无法参透的谜。

走在纽约市街头，你可能会看见一些"幽灵广告"。这其实是早期画在砖房侧面的一种广告宣传画，用来给油、纸和服装等商品打广告。如今，它们如同一种老古董式的印刷艺术品，渐渐成为城市的模糊印记，变得越来越难以寻觅。它们中的许多成了其所在社区内的地标，受到文物保护者们的喜爱。斑驳的文字处于被人遗忘的边缘，却仍能在人类的想象中占据一席之地。在我经常活动的街区中，有家叫作 Wolf Paper & Twine 的美国公司，其所在楼房的表面就有这样一则"幽灵广告"。坚固的砖墙上，是正在消失的文字与它当初宣传的物品本身存在的痕迹。两者之间鲜明的对比，愈加凸显出事物的昙花一现。

失去文字的方式究竟有多少种？日常生活中，我们有时会对某些文字丧失兴趣，有时又只是恰好不会再用到它们而已，还有的时候，我们有意无意地删去文字，或只不过是注意力被其他事物吸引。所有这些情况都可能导致文字的消失。英国作家罗伯特·麦克法伦出版了一本名为《地标》（Landmarks）的书，书名指的正是语言与地貌的相似性。书中，麦克法伦提到新版《牛津少儿词典》（Oxford Junior Dictionary）的编辑们决定在词典中删掉某些生僻词，并收录一些随着社会文化变迁出现的新常用词。被删掉的词如"橡子"（acorn）、"蝰蛇"（adder）、"白蜡树"（ash）、"山毛榉"（beech）、"风铃草"（bluebell）、"毛茛"（buttercup）、"柳絮"（catkin）、"演奏会"（concert）、"小天鹅"（cygnet）、"蒲公英"（dandelion）、"蕨类植物"（fern）、"榛子"（hazel）、"石南"（heather）、"常春藤"（ivy）、"鹭"（heron）、"翠鸟"（kingfisher）、"云雀"（lark）、"槲寄生"（mistletoe）、"花蜜"（nectar）、"蝾螈"（newt）、"水獭"（otter）、"饲料"（pature）和"柳树"（willow）。新收录的词则如"附件"

（attachment）、"块图"（block-graph）、"博客"（blog）、"宽带"（broadband）、"要点"（bullet-point）、"名人"（celebrity）、"聊天室"（chatroom）、"剪切 - 粘贴"（cut-and-paste）、"MP3 播放器"（MP3 player）和"语音信息"（voice-mail）等。

美国自然文学作家特丽·坦皮斯特·威廉姆斯（Terry Tempest Williams）在其著作《当女性成为鸟类》（*When Women Were Birds*）中讲述了一段亲身经历：她的母亲把自己的日记全部包好，叮嘱女儿在自己离世之后才能打开来看。母亲去世一个月后，威廉姆斯终于整理好心情，"走到三座放满了漂亮的精装书的大书架前，母亲的日记也被包好书衣，一本本地排列在上面。有的书衣图案是纷繁的花朵，有的是涡状花纹，还有的是朴素的单色"。结果，她一本本翻过去，发现这些日记里面竟然全是空白页。为了再现当时看到这些日记的震惊感，威廉姆斯也仿造母亲的做法，在《当女性成为鸟类》这本书中添加了 12 页空白。后来，威廉姆斯表示自己在这些空白页中发现了无数的意象：犯罪、白色丑闻、典藏的白手帕、静默的和谐、投影屏幕、炫目的光线、剪纸、伤口和舞台。

此外，她还将这些空白页视为纸制的墓碑，由此我不禁怀疑，消除文字的传统是否正是源起于墓地。刻着人名和生卒日期的墓碑，在雨、雪、沙、风及其他气候条件的作用下，承受长达数个世纪的侵蚀。但要说最能抹去事实的，恐怕还是时间这种东西。我的父母在 30 多年前双双去世，他们的名字和生卒年月却在花岗岩墓碑上依旧清晰如初。然而，安葬他们的是一块古老的墓地，每相隔仅仅几米远的地方就立有一块石灰岩墓碑。它们的表面被酸雨腐蚀得坑坑洼洼，而其他那些用沙石制成的墓碑如今也显得十分沧桑，上面蚀刻着的字母与数字已无从辨认。有时，我用手指触碰这些石块，反而能更好地感受到那些字母的轮廓，可这种情况并不会经常发生。

物体和文字，到底哪个会更早消亡？它们中的一个是否可以拯救另一个？这些正是在 2016 年一场名为"在被透支的环境中震怒"（Seeing Red...Overdrawn）的展览上所提出的问题。这场展览设在英国剑桥大卫·爱登堡大楼（David Attenborough Building），这是一家致力于探索生物多样性的研究中心。目前，大约有 8 万种动植物正在灭绝的边缘挣扎。为了唤起公众保护地球的意识，策展机构反其道而行之——他们设立了一堵宽 22 英尺、高 9 英尺的墙，上面用几乎让人难以察觉的文字分门别类地记录着 4734 个现存的濒危物种，长长的拉丁文几乎让人无法参透其语意："Niceforonia adenobrachia"是一种在哥伦比亚发现的蛙类；"Partula guamensis"是一种小型的热带陆地蜗牛；"Murina tenebrosa"则是在日本发现的一种蝙蝠，有着短管一样的鼻子，生活在阴暗的角落。与简·柏尔文从莎士比亚的十四行诗中挑出文字加以改编的过程正好相反，每位观展者都被邀请使用一支不可擦除的笔将原本暗淡的拉丁文重新描写，使平常几乎不为人所知的濒危物种重新进入公众视野，成为人们关注的焦点。

每个人都有从未说出口，却早已在心里练习了千百遍的话。其中一些早已被我们忘却，另一些又使我们悔不当初。曾有一个没做课后阅读的学生直接向我交了随堂检测的白卷，卷子的最上方写着一行歪歪扭扭的小字："我没做阅读，所以一题也答不上来。"这行字下面整页的空白仿佛都在宣示他的无知。看着这张白卷，我试着解读它背后的深意。在任何人的人生中都可能会有交白卷的时候，但"白卷"并不一定意味着空无一物。人类语言的力量源于我们知道该说什么，并发自内心地明白，不是什么都可以用语言表达出来的。"体会言外之意"（Read between the lines）指的就是这种经过人们普遍认同的心态。小说家雪莉·哈泽德（Shirley Hazzard）曾说："文学中的表达也好，日常生活中的语言也罢，都旨在让我们明白什么东西没有被说出来，而这一点恰恰是至关重要的。"文豪海明威独创出一套完整的写作风格，其标志正是对事物描述中所做的刻意的省略。他解释说："冰山移动的尊严，在于它只有八分之一露出了水面。"生活在信息时代，我们总有某种方法能够提醒自己："我还活着。"它可能是内心的某个声音，好像模仿着母亲从前的语气，或是小学五年级时最好的朋友的话语；它有时带着怀疑或恐惧，有时又只是背景音乐或脑海中的噪声。不管我们是否愿意倾听，我们内心深处总有各种来自不同声源的回响，虽然模糊，却客观存在着。前文提到的那位荷兰书籍设计师伊尔玛·博姆说过："你看不见它，但它就在那里。"当她说出这句话时就意在提醒我们，在这个人人竞相表现自己的时代，隐秘也有另一种美。伊尔玛的这句话不仅仅是在谈论法国香水的历史，还包含了我们想表达的一切：我们永远不会说出口的话、我们想说却没能说出口的话，抑或我们说出去却想收回的话。还有一切无法用语言表达的话、你对我说过但我已遗忘的话、我想在未来某天对你们某个人说的话，以及那些更适合蘸着水在石头上写出来的话。

未说出口的东西自有其精妙之处。我父亲的一生好比一本晦涩难懂的书，虽然内容隐晦，其框架却无比清晰。在这方面，恐怕任何一位活跃于当下的个人品牌策略师都没办法比这位半个世纪前的中情局工作人员做得更好。作为土生土长的新英格兰州人，父亲的性格既受到家族基因遗传的影响，又带有当地世代流传的气节，这是遗传学和地理学共同作用的结果。他这一辈子都对人类体验如何由记忆塑造的问题感兴趣，他明白，记忆里的东西必然与事实有出入，他也几乎不愿在读过普鲁斯特之后再读其他作家的小说。在成长过程中我不止一次听到他说，人类的脑子天生善忘，注定要根据自身利益筛选信息，过滤出那些于己而言更加重要的东西。但大脑在这方面的表现并不稳定，有时它筛选出的信息属实，有时却与事实存在颇多差异。

最近，我在读一份主张睡眠的功能之一在于过滤记忆的科研论文，这让我立马想到了父亲。论文中提及，睡眠时，人的大脑就像在充电。它会回顾脑神经元在白天建立的所有联系，然后对这些联系进行筛选，再去掉冗余的部分。用我父亲的话来说就是，大脑摒弃的东西比保留的要多得多。这使我又不禁想到了父亲通过申请获得的那份中情局解密文件。那些被涂黑的文字，既完美地验证了他的话，又像极了他的人生。

第六章　给个人身份做水疗

我在自己的作品中感受不到自我的存在。在看着自己拍摄的照片时，我从未看见自己的影子。

这些照片不是我的自画像。有时，我是真的消失了。

——辛迪·舍曼（Cindy Sherman）

不久前，一个高中同学给我发来邮件，还附上了一张毕业时拍的老照片。出于人之常情，怀念、欣喜、好奇和惊讶等情绪一股脑地向我涌来。我开始回想，照片上那个春天的早晨，那些身穿白裙、列队站在小教堂前台阶上的 60 朵花儿都分别是谁呢？其中一些人直接注视着照相机镜头，一些人开怀大笑，还有一些人好像心不在焉，眼睛看向别处，头发在风中飘扬。甚至还有一个女同学掉转身体，整个人完全背对着镜头。

当然，我也在照片中找寻着自己的身影。一个留着棕色长发的女孩半边脸庞被遮住，令我不禁好奇这是否就是我本人。另一个女孩别过头去，还有一个女孩的脸几乎看不清楚。我搜寻着自己的身影，在电脑屏幕上将照片放大到像素已然失真的程度。然而，这些抽象的形状依旧没能向我提供任何信息。最后，我终于回想起来：那天我根本就没有参加拍照！当时的我急不可耐地想要挣脱高中课业的束缚，拍毕业照这种事情在我看来就是一种毫无意义的纪念方式。作为一个浮躁、叛逆、对一切不屑一顾的青少年，我甚至替自己省略了整个毕业典礼。当时的我或许认为，不参与合影反而能让我更快、更有效地融入这个我渴望的世界。而在几十年后的今天，如果还能有一次重新合照的机会，我将欣然接受。我意识到，当我们无法在过去的事物中找到自己的存在痕迹时，就会产生一种矛盾心理：有时，我们是如此渴望消失，有时又后悔自己未曾在某个时刻出现过。

即便还是一个懵懂的少年，当时的我通过逃避拍照这一举动就已感受到这种行为带给人的情感力量。当时的叛逆之举，放在今天或许可以成为某部数字艺术作品中的一小部分。从某种意义上说，"不在场"其实是一种面向社会公众的自我声明。在当今这个信息时代，我或许可以用修图软件将自己放进老照片中，或许可以努力重塑出一场传统的毕业典礼，我也可以什么都不做，对自己当初的缺席漠不关心，因为我知道，这张毕业照会被散布在各大社交网站上。今天，个人身份和形象来来去去，出现又消失，已成了人类"视觉文化"中稀松平常的一部分。自 20 世纪 80 年代以来，美国摄影家辛迪·舍曼拍摄的一系列肖像照为人们提供了一本关于现代人奢侈行径的入门指导手册。在这些肖像照中，她是过气影星、是文艺复兴时期的画家、是《花花公子》杂志内页的写真模特、是小丑、是事业型女强人、是家庭主妇，也是社交名媛。借助化妆、服饰、假体、暗室冲印技术与数字化操作方式，舍曼成功地诠释了塑造个人身份的无限种可能。倘若她希望借此传递出"人可以有多种自我"的讯息，那么她还让我们看到，在自己创造出的多重人格中，她的自我也消失了。

此后，人们对个人身份问题的讨论有增无减。种族、民族和性别上的差异固然存在，但对自我的再塑也已日渐寻常。人人都能随心所欲地在孩子与成人、同性恋与异性恋、黑人与白人的身份间切换——在这方面，已逝巨星麦克尔·杰克逊堪称标杆。早在凯特琳·詹娜（Caitlyn Jenner）和瑞秋·多尔扎尔（Rachel Dolezal）[①]的那个年代，人们就已越来越能接受这种自我的可塑性。性别身份不再像过去那样被认为是一成不变的，传统意义上的二元性别概念已经过时。性别固然是一种生物学概念，但它亦是一个反映出文化态度与行为[1]的社会学概念。除性别身份外，种族与民族身份的变化也几乎没有障碍。2015年，美国皮尤研究中心（Pew Research Center）出具的一份报告显示，近7%的成年人带有不止一个种族的血缘关系[2]，预计到2060年，这一比率将提升至21%。然而，基因只是促使

---

① 两者均为20世纪七八十年代的美国知名人士。凯特琳·詹娜原名布鲁斯·詹纳（Bruce Jenner），曾缔造奥运会男子十项全能世界纪录，是美国至今最知名的变性者之一。瑞秋·多尔扎尔是美国著名人权斗士，生为白人却一直假扮黑人，为有色人种权益奔走呼号。

个人身份形成的因素之一。正如皮尤研究中心社会趋势研究主任[3]金·帕克（Kim Parker）所言："多重种族身份不仅来源于族谱中的亲人，还是个人体验或态度的产物——在得出这一调研结论时，这种认同感让我们大开眼界。"

尽管当代文化如此频繁地以一种令人不安的方式突然改变风向，我们也能从中观察到，似乎我们越敢于承认个人身份的可塑性，就越能找到更多方法来发现自己的性格特点，并为自己贴上相应的分类标签。电子游戏、数字媒体和社交网站不仅使我们在替身的世界里纵情遐想，还使我们得以创造出新的自我。2017 年，Facebook 公开承认大约有 6000 万注册用户并非确有其人，而是基于想象被创造出的身份。"深度换脸"（Deepfakes）一词描述的正是人们越来越多地利用科技手段对名人、明星进行虚构创作的现象。从声音、姿势到面部表情均可利用科技手段加以复制，创造出一个让人难辨真假的名人分身。有人将这个复制品作为宣传平台，也有人将其放在成人影片中恶搞。在电子媒体不断向我们放出误导信息的同时，其他一些新式技术正不遗余力地强调着我们那个生物学和基因学意义上的自我。现如今，面部识别技术已被广泛应用于安保、监控领域，智能手机也开始允许凭借人脸特征数值解锁。眼距、鼻梁高度和下颌角等面部特征数值均可以被手机系统测量记录，再与后台面部数据库信息的计算结果进行匹配。生物样本数据采集的正是这类面部特征，可连同指纹、虹膜扫描、耳部轮廓、皮肤类型及肤色、声音识别、心率、激素水平和脑波数据一起用于确认一个人的身份。这类技术的应用范围越来越广泛，并不仅限于监控目的。"DeepFace"是 Facebook 开发出的一款身份识别软件，可综合考虑人的年龄、姿态、肤色及表情等因素，与其自建面部特征数据库进行匹配。哪怕某个人的面部形象模糊，或故意在镜头面前别过头去，其面部特征仍可被准确捕捉。尽管在美国，这项技术的使用在很大程度上不受管制，且常常在未经当事人同意的情况下被擅自使用，面部识别技术在现阶段还是易于出现失误的，且应用于白人男性时的正确率要显著高于有色人种女性。亚马逊公司专为执法机构开发出一项名为"Rekognition"的面部识别服务。美国公民自由联盟（ACLU）曾公开批评这项服务，称其威胁到了美国公民的自由。尽管存在诸如此类的反对声音，包括"Rekognition"在内的各类面部识别技术仍受到美国各大企业的追捧，应用行业从金融、医疗健康、娱乐到市场营销，涵盖范围极广。

然而，人类终究不想被无限制地曝光。随着上述技术如雨后春笋般涌现，隐私被侵犯的问题也接踵而来。我们越想方设法阻止黑客获取最重要的隐私信息，就越不自觉地泄露出更多个人信息中最最核心的部分。这自然引发了一系列问题，例如，凭什么我们的生物样本数据要落入警方、市场营销人员和商场保安的手中？视觉意象不仅可以帮助我们思考清楚身份的特征，还可以让我们明白它是如何形成的——是如何出现又是如何消失的。现代数字媒体或许能帮助我们用各种各样的方式探索个人身份，但由此得出的结论依旧模棱两可：身份的确是可塑的，但自己就是自己。身份既有固定的一面，又有流动的一面。形象上的百变可谓来之不易。20世纪90年代中期，人类在对各种图像的运用方面已取得了长足的进步。《色彩》（Colors）杂志的编辑泰伯·卡曼（Tibor Kalman）将教皇展示成一名亚洲男子的形象，又将伊丽莎白女王用黑人女性的形象加以替换。

人类在对身份的塑造与解构上好像总有一种强迫症似的冲动，而这种冲动出现的年代其实与照相机出现的年代一样久远。一直以来，形象总能促使我们重新思考家族历史，并在过去的基础上进行创造。在我丈夫收藏的家族照片中，有一张黑白照片被人从中间撕开。其中一边是我婆婆，冲着镜头微笑的她风华正茂，而另一边原本应该是她的丈夫。离婚后，这张照片就被我的婆婆狠狠地撕成了两半。无论是分道扬镳的伴侣、罅隙渐生的双亲，还是日益疏远的兄弟姐妹，都可以如此简单地被从家庭照片中剔除，照片上的裂痕就像人际关系上的伤疤一样残忍。

不过，如今的技术既擅长做加法，也擅长做减法。在大学校友的一次年度聚会上，有些人无法在周末赶到位于佛蒙特州的聚会地点，只能被人用修图软件"放"进合影照片里。尽管姿势略显不自然，但照片中的他们仍旧或"坐在"台阶上，或"靠在"门廊扶手边，尽显我们这个大家庭的包容精神。如此，我们不仅能想象自己举办了一场全员到齐的集会，还能对此加以佐证。在几年前的那个周末，一个实际上身处纽约的男校友却"现身"于聚会场所的门廊前，摆出向远处某个篮筐投篮的动作。这种魔幻现实主义般的行为将我们长存的友谊融在一起——毫无隔阂地、不可预测地、神秘莫测地消除了地理上的距离，加深了我们对生活的体验。修饰过的照片与消融了自我的自画像，正成为这个时代人们常见的象征。1987年，享誉全球的艺术家安迪·沃霍尔（Andy Warhol）在其辞世前不久用丙烯酸颜料创作了一系列丝网印刷的自画像。画中，在黑色背景的映衬下，他的脸被涂上了军事迷彩图案。部分色块呈斑驳的绿色与米黄，另一些则是粉色、紫红和蓝绿。这张由奇异色块拼合而成的脸向我们表达出如何在展示自我身份的过程中，保持人与人之间的距离、隐匿、不被看见与不为所知。2016年，日本艺术家五木田智央（Tomoo Gokita）发表了一系列黑白色调主题画作。这些作品使人们联想到早期的电影明星与社会名人：穿着居家便服的女性、《花花公子》里的兔女郎、日本艺伎、手绘招贴画上的性感美女、身着晚礼服的名媛、几代同堂的大家庭和参加婚礼派对的人们，但其中许多人物的脸都被刻意遮住，看上去就像艺术家不小心将一大滴颜料滴在画布上一样。因此，观众只能从画中人物的衣着、配饰、派头以及周边人物来推测这个人的身份。可以说，画作中的所有要素都已取代了人物的面部特征，而这恰恰是长久以来我们用以辨别彼此的手段。借此，艺术家抛出了这样一个问题：在今天，究竟是什么构成了人们的身份？

2016 年，法国摄影师玛雅·弗洛尔（Maia Flore）为《纽约》（New York）杂志拍摄了一组时尚大片，名为《看不见自己的肖像照》（Self-Less Portrait）。她既操刀这套大片的摄影创作，又亲自担任模特。照片中的她用各种不同的方式遮住自己的脸：用闪耀光泽的头发挡住面庞、在镜头前别过头去或是躲在一扇快要关上的门后。弗洛尔并非意在展示一种羞怯的矜持，只是在如今这个监视与伪装无处不在的时代，就连弗洛尔这样的时尚模特也有权保留一点儿隐私。菲律宾摄影师斯蒂芬妮·苏约克（Stephanie Syjuco）也在名为《证件照》（Applicant Photos）的系列作品中担任自己的模特。这套照片的主体是难民在申请移民或政治庇护的过程中必须提交的个人照。照片中的苏约克裹着各色图案的纺织品，刻意构建出一个个没有面孔的人物形象，既凸显出难民群体在社会中微弱的存在感，又表现出他们不得不隐藏自己的需求的无奈。而照片中那些颜色鲜艳的纺织品也会使人联想起令人眼花缭乱的伪装术，让照片人物的真实身份显得更加扑朔迷离，也故意表现出对人物身份的误导。在这些照片的背后隐含着一种悲痛的神秘感，即在难民前往新国家并逐渐融入新环境的过程中，往往也伴随着其旧身份的消亡。这些看似不经意的照片，却表达了人们内心深处的担忧。

英国艺术家埃德·阿特金斯（Ed Atkins）利用被称为"表演捕捉"的技术创作肖像照。在创作过程中，他将某剧本分发给 100 人朗读，并用一款面部识别软件分别记录下这些人的声音、手势和面部表情。接下来，他将这些信息全部下载下来，把这100人提供的所有信息——语音、语调以及面部特征汇集于一名虚拟的男性形象身上。最后，空荡荡的电脑屏幕上浮现出这名男子的头和四肢，鬼魅般的形象仿佛万圣节黑色连体衣小朋友那令人毛骨悚然的远房怪叔叔。对此，一位评论家写道：

> 我们看见的身体是一个大杂烩的化身。所有的声音符号与面部表情都集中于一人身上，使眼前的这个人具有某种普适的特征。正如其他艺术家诉诸纸笔的一样，阿特金斯深入探索了每个人独一无二的指征，但却剥夺了他们的记忆和熟悉的身体结构。存在与虚无在这具躯体中以终极的形式合二为一。这具被截肢的身体[4]，既提示着我们存在的客观性，又影射着我们不得不面对的现实。

美国纪实摄影师埃里克·索斯（Alec Soth）以自己为模特创作的肖像照倡导人们放下对身份的执念，为身份做一次"水疗"。这些"不见脸的自拍照"被他发布在 Instagram 上，照片中索斯本人的脸被各种各样不易长久留存的事物遮住：水、雾、雪、冰晶、水蒸气、装着水的玻璃杯、突然的动作、重组的像素格、被抛向空中的球、举在面前的照相机或是躺在湖面上的睡莲。这些令人难以捉摸的近照恰好与面部识别技术处于两个极端，或许可以称作"面部健忘技术"或"面部消融技术"之类的东西。它们不仅不愿巨细靡遗地展示一个人的面部特征，反而还为人脸罩上了一层诗意的纱。看着索斯在照片中的形象，我不禁想起过去母亲下厨房时的模样。炉子上烧着一大锅水，母亲将五六根从瑞士山区采摘来的香草料投进锅中，然后将一块端菜用的毛巾搭在头上，好让皮肤吸收这氤氲的蒸汽。她有时也会用蛋白或酸奶与一种由海草、蜂蜜、燕麦和木瓜混合而成的绿色糊状物混合在一起，仿佛光凭这些日常家用的食材就足以为人类的面部肌肤带来改变，甚至掀起一场革命。在我看来，这些东西中的任何一种都像是一张面具，能够重组人类的肌肤细胞、面部肌肉和表情，有时甚至能影响一个人的存在方式。

索斯的自拍照为我们提供了另一种不同的细胞重组方式。他的形象与面部识别系统保持着距离，随时准备取而代之。可问题是，能模糊我们身份的东西到底是什么呢？是烟、涟漪，还是悲伤、焦虑或恐惧之类的情绪？我们在什么情况下才能消失？又是什么让我们变得为人所知或不知？这些象征着幻灭的照片还告诉我们，有些时候，要想不被看见和认出，我们需要借助想象。但巧合的是，这种想象也正是使我们受到关注所必需的能力。在如今这个过度透明的时代，索斯的自拍照证明，人们是健忘的。"我们是谁"不仅与我们可以被人看到的样子有关，还与别人看不到的我们有关。对身份进行模糊处理或许是重新激发我们想象力的合法方法。我们的存在既与如何展示自己有关，也与如何隐藏自己有关。

在隐藏面部特征方面，美籍非裔艺术家凯里·詹姆斯·马歇尔（Kerry James Marshall）创作的绘画作品或许给人的视觉冲击力最强。马歇尔从拉尔夫·埃里森的小说《隐形人》中获得灵感，让他的画中人与黑色背景几乎融为一体，却依旧露齿而笑，目光如炬。人们或许看不见他，但他依旧能说、能看。他就在那里，却又不在那里。倘若他此刻正在慢慢地滑向地底，那闪烁着炯炯目光的双眼又分明能让人一眼就注意到他的存在。他是个隐形人，却又有声音和清晰的视觉。马歇尔的画中人兼具"在"与"不在"的双重特性，无形的轮廓下暗藏着灼人的权威感。

英国浪漫主义时期作家威廉·哈兹里特（William Hazlitt）于 1821 年发表了一篇题为《关于活出自我的遐思》（*On Living to One's Self*）的散文。他写道，自己"宁愿做奇妙大自然的无言观察者"，也不愿成为受人瞩目的对象。他提倡在不寻求他人瞩目的前提下关心别人的事务。如果一个人借助"别有洞天的隐居状态"来观察世界，那么这个人将：

> 无须一直盯着周围，四处探索自己能做些什么，便可在宇宙中发现足够多的有趣事物。尝试是徒劳的！这个人从云朵中读出思想，目视星空，见证四季轮换。他目睹过秋天的落叶，也品尝过春日的芬芳气息。他在附近的矮树林里因为听见画眉鸟的歌唱而喜悦，也曾在篝火边席地而坐，听着风的呼啸，投入地读一本书，在写作中怡然度过

几小时，或是沉浸在思绪中忘了时间。所有这些都让他如此专注，以至于浑然忘我。

留心周遭事物，哈兹里特如此告诫我们。全身心地沉浸于当前所处的环境中，并忘掉自我。

如果能活到今天，哈兹里特又会对生物数据采集之类的技术作何感想呢？"DeepFace"背后的开发团队是否会考虑聘请他来做顾问？哈兹里特本人尽可能地参与政治与社会事务，集哲学家、评论家和散文家等多重身份于一身。但他提倡的不仅是沉思与独处，还有"忘掉自我"。早在1900年弗洛伊德发表《梦的解析》(*The Interpretation of Dreams*)时，这种类似于"健忘症"的状态或许就已经过时了。可时至今日，它仿佛卷土重来。2014年，欧洲某高级法院做出判决，要求搜索引擎公司授予用户遗忘过时、错误及无关信息的权利。

当代身份政治要求我们对是什么使我们成为自己进行深刻的评价。每个人都想获得他人的认可，并被他人准确无误地辨认出来。每个人也都希望自己所表现出的形象在他人眼中是真实的。我们希望语言能反映出这一点，为此，我们小心翼翼，力求准确地使用每个人称和性别代词。但是，这是我们所认识的身份政治中的一个阶段吗？或许更重要的是，我们都应该在日常生活中对身份少一些关注。决定自己是什么样的人后，就索性忘掉这个身份吧。"Ancestry.com"和"23andme.com"这两个网站为我们提供了无比精确的种族及基因谱系追溯服务，毕竟人人都觉得"寻根"是件大事。我们还有几乎无穷无尽的新方式可以用来了解自己，比如面部识别系统、虹膜扫描和生物数据采集工具就能够读取包括我们的声音、心率、激素水平及脑电波在内的各项生理指征。可不幸的是，在忘掉自己方面，目前我们并不具备同样多的新途径。

英国摇滚巨星大卫·鲍伊（David Bowie）去世后，一张关于他的照片在 Twitter 上流传开来。照片中的鲍伊穿着宽松的工装短裤，上身套着一件 T 恤，头戴棒球帽，正走在纽约街头的人行道上。他是那样不受关注，除了摄影师，没人注意到他。在整个职业生涯中，鲍伊创造出了众多的"舞台人格"，如怪异的红发摇滚歌手齐格·星尘（Ziggy Stardust）、贵公子般衣着考究的"瘦白公爵"（the Thin White Duke）、太空怪人汤姆少校（Major Tom）和脸上画着红蓝闪电标志的阿拉丁·塞恩（Aladdin Sane）等。尽管如此，鲍伊也能做到在公共场合随意走动而不被人注意，堪称"隐形"领域的杰出诗人。他创造身份的能力令人难以望其项背，但他不仅热爱"变身"，也深知"隐身"的价值。

或许，正是这种隐身能力为鲍伊赢得了众多粉丝的心。当今社会，"消失"反倒成了一件难事。就拿我的两个儿子来说，"消失"对他们而言还是一件新鲜事。在他们眼中，这种老古董式的行为与我小时候祖母用的银制餐叉没什么分别，都是一样陈旧。两兄弟现在都已经 20 多岁了，社交网络对他们的吸引力已经逐渐减少。他们中的一个对我说："我可以删掉社交网络上的一切东西，比如我的 Facebook 页面、Instagram 上的照片和 Snapchat 中的聊天记录。但从技术上说，它们永远都在那里。总有人可以想方设法找到它们。即便它们客观上不存在了，但我们仍从心理上认为它们还在。"尽管我的儿子们可以脱离社交媒体、弃用网上银行与 Gmail、放置具有实时定位功能的电子设备，并在网上散布一些关于自己的错误信息，他们却仍然觉得不够，数字意义上的个人身份具有永恒性。2018年，欧盟通过的《通用数据保护条例》赋予个人在网络上自由处置私人信息的合法权益，包括对信息的"删除权"。然而，由于争议较多，美国境内尚未通过类似保护隐私的法律法规。有人说"删除权"是一项基本人权，也有人认为它是对言论自由的打压；有人说它提供了一种处理网络信息的实际手段，也有人认为它违反了《美国宪法第一修正案》中的相关条款。但毋庸置疑的是，人们可以神不知鬼不觉地删除某些信息，就像突然摔门而去，或是粗暴地结束一段感情，就这样丝毫不被察觉地消失在他人的视野中，一去不复返。个人信息在数字世界中的永恒性或许能证明——至少在一定程度上解释了人们为什么想"摔门而去"，这背后实则潜藏着一种将事物画上句点的一厢情愿。

以色列高科技公司 Ripples 开发出一种新型 3D 打印技术，可以用喷墨式打印机帮助咖啡师依照任意图像制作卡布其诺咖啡的泡沫拉花。不必多说，这家公司进行市场营销时热推的卖点正是将顾客的照片制成拉花图样。当然，坐在咖啡厅里，注视着咖啡杯中的液体表面，我们时常容易陷入遐思。但当咖啡表面浮现着你自己的脸时，想必能极端强烈地激起你的自我觉察。"自恋狂"的形象在每种文化、每代人中都会以独特的形式出现，但这种新技术的出现能否预示着人类可以在任何东西上留下具有个人特色的特殊印记？我们又能否随时随地看见自己的倒影？还是说，这项技术暗示我们个人身份可以像拿铁咖啡泡沫般轻易溶解？抑或个人身份其实从来都不存在什么永恒？

想到这里，我又把自己那张高中毕业合影拿出来看。如果我有能力开发"DeepFace"识别技术，应该会应用一些特殊算法，使它不仅擅长识别人脸的每一个细微特征，还能恢复人脸在过去任意时刻的模样。有了这项技术，我就可以把自己的脸放进照片，以毕业那天的清晨自己应有的模样出现在我的朋友们中间。这项技术不仅能捕捉到那个高中女生的年龄、姿势、表情和面部特征，甚至还能识别出她当天的心情：得意扬扬、眉头紧锁，也或许只是单纯地望向远方。我想全面地了解过去的那个自己，我期待再次与她相见。

不过，我很高兴过去的自己已经一去不返。多年前那个春日的清晨，一个高中女生的自我存在感发生转折，这种感受至今令我记忆犹新。当时的我一心想接受社会的历练，渴望"逃离那张合影"。后来我才开始明白，一味强调自己"不在那里"反而愈加凸显出自身的存在。自那以后，我逐渐领略到"不在场"的力量。或许，当年的我其实只是沉迷于一种青少年版的

"捉迷藏"游戏。那时我意识到,"消失"是一种特权,而"消失的能力"则是一种天赋。前不久,我从英国圣公会牧师詹姆斯·伯恩斯(James Burns)的箴言中获得了启示。在我看来,他的这句话在"不被看见"这个话题上显得尤其振聋发聩:"我们首先要学会爱自己,然后放下这件事,再学着去爱这个世界。"

第七章　匿名的提议

这个世界之所以有越来越多的"善"，一定程度上也有赖于众多微不足道的行为。

而你我发现生活中一些境遇并不如想象中那么悲惨，一半也得益于那些默默无闻却认真生活，之后长眠于无人凭吊的墓碑之下的人。

——乔治·艾略特（George Eliot）

我非常珍惜我在纽约哈德逊河谷度过的郊区生活，我也深知自己的自我意识在一定程度上正是来源于这里低调的景致：我家窗外就是一片黑色的刺槐树林；每至盛夏，马路对面的湿地里就会长满香蒲和紫色马鞭草；远处的山脊在天际的映衬下显出连绵不绝的轮廓。但我打心底明白，没有哪里能比在曼哈顿市中心的中央火车站更适合迎来新的一天了。在以前那些需要乘火车通勤的清晨里，我只能被交通高峰期的人流推着穿过车站的大厅。每当此时，我都会感觉完全失去了自我，却又因此获得一种奇怪的慰藉。

中央火车站的穹顶高达110英尺，金色的星座彩绘装饰其上，整体色调如同真正的星空般深邃，据说模拟的是地中海南部每年10月至次年3月的星座排布。然而，穹顶上的遥远群星与地面上450英尺的站台完全不可相提并论。这里每天有75万人精神抖擞地穿行而过，无一不保持着对人生的方向感和热情。现场无人指挥次序，也不存在什么高等智慧或超级生命体在幕后掌控一切——这里有的只是令人惊叹的社会同质性。

尽管每天都得随着通勤人潮穿过大理石走廊，我竟很少在其中遇到熟人。相反，火车站里的人们像是集体加入了一场即兴舞蹈，步速时而加快，时而放缓，与周围的乘客保持一致。我敢说，每天早晨的通勤时间对每个上班族而言都可谓一段振奋精神的经历。它提醒我们，社会凝聚力已经让我们成为这个有序集体的一分子。无论在这一天接下来的时间里会经历怎样的困扰与摩擦，在早上的短短几分钟里，我们完全有可能作为这汹涌人潮中的一员穿越这个世界。我们在事物中的地位因此被改变了。

1913年，随着工业化运输系统兴起[1]、城市人口迅速增长，中央火车站正式竣工。这座车站为容纳人群提供了极有远见的策略，打破了人们之前对公共交通枢纽混乱嘈杂、充满威胁且不可管理的负面印象。虽然目前还没有人对车站乘客的自发合作进行研究，但在如天空般蔚蓝的穹顶之下，宏伟的主站台尤其具有新兴大都市建筑内部公共广场该有的派头。这块文明之地不仅用来容纳大量乘客，还见证了人群自发的秩序的形成。

《大西洋月刊》（*Atlantic Monthly*）曾刊登一篇名为《为人群增色》（*Making the Crowd Beautiful*）的评论文章，详细地阐述了"人山人海"的概念。在文章中，作者杰拉尔德·斯坦利·李（Gerald Stanley Lee）对所谓的"群体文明"大加赞颂，并向人类所拥有的能做出某种集体行为的潜能致敬。他认为，使群体的和谐达到最大限度的不是别的，正是艺术。他还激动地将现代管弦乐队称为"声音汇集而成的共和国，众多融为一体的无形精神"，钢筋铸就的城市建筑是"群体的杰作，既浩瀚又不失数字的精确性"。还有留声机，"能够赋予一个人一千种声音，使他能够同时向一千个人群唱出一千首歌曲"。在谈及布鲁克林大桥时，李表示，"这座桥旨在将数百万人会聚在一起"，堪称现代智慧的象征。

在李对群体充满溢美之词的那个年代，全球人口总量大约只有 15 亿。120 年后的今天，全球人口增至近 75 亿，针对群体行为的研究已然发展成一门科学。"群体智能"（swarm intelligence）研究的正是动物集体行为，研究对象如蚁群、椋鸟、洄游的鱼群，当然，还有人类。物理学、行为科学以及工程学领域通力合作，开始研究起人群与我们与生俱来的社会协作本能。视频科技与计算机建模技术允许我们追踪并记录人群的自组织动力学原理以及流体运动现象，临时形成的人群也可以井然有序。尽管不像李的文章一样热情洋溢，但定量数据已经模拟出人群在哪些事先安排好的情况下可以自发形成秩序。身处人群之中，我们会同时注意到周围人流的密度和方向，并试图尽可能高效地抵达自己的目的地。如同燕子、鲱鱼和蚂蚁，我们在集体行为上遵循的本能规则几乎与其他动物无异：我们对周围其他同类的存在保持敏感，既希望避开他们，又希望与他们建立联结关系，并因与大家保持步调一致而感到舒适[2]。无论是在情感上还是在身体上，与他人建立的联结都是可持续的。迈克尔·洛克伍德（Michael Lockwood）是 Populous 跨国建筑设计事务所的建筑师，他所就职的这家公司专门设计适合大量人群聚集的场所，如体育馆、竞技场、市政建筑和会展中心等。洛克伍德告诉我，纽约中央火车站可谓抓住了人群聚集场所的设计精髓，这是一个兼具秩序与活力的地方，能使人感到身心愉悦。他的原话是这么说的：

> 成千上万人同时各奔东西，到达他们需要前往的地方，这不得不说是一件颇具原始性的事件。即便遭遇了十分残酷的个人生活，我们也能在集体生活中获得慰藉。集体生活就像一张安全网，用团结的力量为我们加油打气。集结在一起时，我们可以取得更大的成就。你所看见的一切，都是成千上万人通力合作的结果。人生在世，我们每个人内心深处都有一种依靠他人的热望[3]。

洛克伍德熟知人类在集体中的行为学心理。他表示，与许多人同在一起时，人们愿意暂时搁置个人分歧。正因如此，我们常在球赛上看见一幕幕团结而感人的场景。

全力以赴的人能获得他人的尊重和欣赏。当你身处一项大型赛事之中且对自己所支持的队伍具有强烈的荣誉感时，集体的魔力自会出现。成为集体中的一分子令人感到安心。此时，人们不约而同地甘愿融入集体。由于集体中的所有人正在共同经历某事，因此当你觉得身心舒畅时，其他人也会有相同的感受，反之亦然。这就是为什么你会愿意帮助别人找到座位。在观看赛事的过程中，所有人的任何情绪都是共享的，这就是人们愿意互相帮助的原因[4]。

除赛事外，在其他场合也正越来越多地出现这种人际共鸣。2016年，一名记者向公众宣布自己还拥有另一重身份——笔名为"埃琳娜·费兰特"（Elena Ferrante）的作家。不料，此举招来其忠实书迷的强烈反感。费兰特断言："（我所著的）小说比（我）本人名气更大。"此话不假，而且得到了她的读者们的证实。对于费兰特在媒体上的公开宣告，她的读者群中几乎无人响应。相反，他们谴责这名自称"费兰特本人"的记者不尊重费兰特的匿名性——正是这种匿名性赋予了费兰特创作的权利，是她的精神食粮。换言之，费兰特的读者群体更愿意继续维持费兰特的匿名状态。在他们看来，这就好比作家与读者之间签订的一份密约。对他们中的许多人而言，费兰特的神秘身份已成了阅读其小说的乐趣所在，是全部阅读体验中不可或缺的一部分。作家与读者对彼此一无所知，共享的只有虚构的故事情节。费兰特的读者之所以深感愤怒，或许是因为其真身的曝光无异于践踏了费兰特给他们的礼物：在人们看似无止境地追逐自我推销与曝光的文化氛围中，作者以匿名的方式营造出一种神秘感，使人得以在虚构的故事中享受片刻的静默与安宁。

费兰特本人后来公开表示，自己出书时的本意并非匿名（毕竟每本书的结尾处一直都有她本人的落款），她只是想创造出一种"无关作者身份"的状态。据她本人解释，由于注意到媒体时常追捧知名作者创作的水准平庸的作品，却长期忽视其他高质量文学作品的现象，她希望借助一个隐匿的作者身份向媒体的做法发起挑战。"我最看重的是保护充满无尽可能性的创作空间，其中也包括技术所占的那部分。"费兰特在公开身份后表示，"如果一系列作品自始至终缺少一个真实的作者身份，就会对作者本人的写作方式造成影响，而这种方式是我乐于继续探索的[5]。"

这世上欣赏匿名之美的并非费兰特一人。我的建筑师朋友艾伦擅长木工，自家的家具全部出自他本人之手。他还开了一家店，店里摆着一部车床，他经常用它来加工虎槭木、胡桃木和白橡木，把它们制成各种各样的沙拉碗。在他的作品中，最大号的是一只浅口木碗，足有 3 英尺宽，可盛放的莴苣块足以喂饱来家里做客的泰坦巨神。但其他的碗就没那么大，而且全被艾伦赠给了朋友。这些碗有着优美的线条，在木头表面纹路的干扰下被扭曲、放大，有时还会与木头表面随机产生的裂缝相交缠。尽管它们很有艺术性，但对于自己制作的每一只碗，艾伦都没想在上面署上个人签名。他说："一想到朋友们和他们的家人用着这些碗，我就非常开心。"这些碗将代代相传，哪怕朋友的子女、孙子孙女、曾孙子曾孙女并不知晓它们的来历。艾伦确信，这些碗还是保持来历不明的状态比较好。也许，许多代人日复一日、年复一年地围坐于餐桌前，由此建立的日常家庭传统将使这些碗变成与众不同的独立个体。又或者，在艾伦制作这些碗的过程中，他的指纹其实已经渗进了每一条木头纹路里。无论如何，关于原创者身份、品牌效应和个人声望等现代社会才出现的观念，在这里已经变得过时。

柳宗悦（Soetsu Yanagi）是日本近代著名的民艺大师，提倡发展"大隐隐于世"的民间艺术。在 1972 年出版的《不具名的匠人》（*The Unknown Craftsman*）一书中，他将艺术家隐藏身份的行为列入使艺术品增色的要素之一。其他要素还包括艺术品的实用性、匠人的制作手法、造型的简洁性、合理的价格及带有地方传统特色等。正是身份的匿名性使人们对艺术品的关注点从艺术家转移到使用者身上，由此在一定程度上为艺术品注入了更高的价值与意义。当然，这套评价标准既适用于所有家庭小作坊式的木制、黏土、纺织与金属手工艺品，也适用于包括锅碗瓢盆在内的实用器皿，还适用于居家生活中如桌子、椅子、刀具、铰链和被子等各类必需品。它们正是在匠人的手中才具备了形体、线条与完整性。这些艺术品的创作者很多都不为人知，但它们的客观存在分明源自几个世纪以来匠人们的共同努力。奇怪的是，这些艺术品之所以充满人性，或许正是因为那些使其诞生于世的艺术家也让自己的身份保持着"隐形"。

2015年，美国论坛社区网站Reddit做了一次"按钮实验"。结果证实，数字世界中的匿名性并不是"秘密犯罪"的代名词。在实验中，每位参与者都能在网页上看见一只计时60秒的电子秒表。参与者可按下"重启"按钮，但每人仅限一次机会。100多万Reddit用户在没有明显动机的情况下自愿加入这个接力游戏。结果，这短短的60秒耗时65天才跑完。由此看来，人际互动并不需要明显动机。即使没有赞誉，没有经济奖励，甚至没有明确的结果或目的，我们也愿意与他人发生互动。可见，群体行为或许于我们而言有种天然的吸引力，而且在人们通力合作时能自发维系下去。个中原因与进化论存在一定关联：生存于远古时代的人类祖先就已明白群体生活能给人带来安全感，进化至今，我们内心深处依然保留着依靠群体的生存本能，我们深知抱团取暖能带来怎样的好处。

自成立之日起，戒酒互助组织"匿名戒酒协会"就将"匿名性"作为其核心要义，但它也是一个具有持久责任感的组织。作为创始人之一的比尔·威尔逊（Bill Wilson）称匿名戒酒协会具有一种"良性的无政府状态"，它提供了一种富于同情心与同理心的结构模式，希望借助这样的自助、互助的群体互动形式使渴望戒酒的人在分享与共情中获得心灵的疗愈。不过，匿名戒酒协会对个人身份的态度似乎存在前后矛盾之处。它表达出一个悖论，即一个人若想找回自我，常常得先失去自我。一方面，它不主张成员暴露姓氏，以此掩盖成员在现实生活中的身份；另一方面，却又鼓励成员反躬自省，审查自我内心深处的动机、选择和行动，而这些内在品质正是个人身份的标志。我的诗人朋友迈克尔曾说："平等将在匿名状态下自然显现。匿名的关键在于，它创造出了与他人共同进行自我认可的机会。这与我们参加诗歌研讨会时的感受一样，我们内心的声音既有限，又神秘。"

匿名还关乎另外一种看似八竿子打不着的东西。曾有个由来自全球各地的网络黑客组成的名为"匿名"的抗议组织，成员统一戴着盖伊·福克斯[①]（Guy Fawkes）的面具，专门将矛头对准政治、宗教和娱乐组织。他们鄙视传统组织中冷漠的层级结构，也反对这类组织对个人身份的压制。他们声称，自己这一松散型的匿名组织形式虽然更极端、更放肆，却也更有效。

上述两个组织对"匿名"的解读方式截然不同，却都反映出了集体信仰的力量。它们都要求成员具备某种激进的想象力，坚信个人身份与行为并非一成不变，并为人们重新想象自己以及自己在这个世界中的位置提供了不同的方式。它们也都

[①] 16世纪的一名军人，国籍为英国，天主教"阴谋组织"成员。策划在1605年英格兰议会开会期间刺杀上下两院所有成员，终因计划败露而被判处死刑。

催生着社会变革，只不过其中一个借助的是从心灵创伤中恢复的力量，而另一个依靠的是政治与社会的激进主义。我们从这两个组织中都可以看到，一个人在不具名的情况下也能发声。此时，匿名性不仅没有使个人身份被压制，反而提供了一种框架，使它重获新生。但无论这两个组织中的哪一个都不仅仅是单纯的齐心协力的群体，它们的背后有着更为宏伟的目标，而其中的每位成员也都愿为了实现这一目标而在一定程度上放弃对个人身份的彰显。

匿名的力量正越来越引起人们的重视。美国的一些州政府已允许彩票中奖者不向社会公布姓名。以往，政府博彩管理机构一直主张中奖者应受到公众监督，以确保博彩业的公正性，并证明摇奖结果和大笔奖金的真实性。对中奖者私生活的持续曝光也使博彩业时常出现于公众视野之中，不自觉地起到了广告作用，进而为政府创收。然而，中奖者本人并不怎么愿意使自己"飞来横财"的好运气沦为大家茶余饭后的谈资。无论是他们结婚、离婚、度假、买房、实现或未能实现梦想，用这笔钱继续投资还是挥霍一空——他们的所有动态都会登上新闻报道。在中奖后的多年内，他们还会不停地为亲戚和陌生人的包围所困扰。有鉴于此，北卡罗来纳州立法机构于2015年提出了一项赋予中奖者匿名权的提案，并制定了中奖者可维持匿名状态的时间期限，很可能还包括被允许不披露资金情况的具体条件。

类似的"匿名"提议也在其他更小的领域内逐渐普遍。

在我教书的大学里，一个匿名诗会将保密工作做得如此之好，以至于我完全无法寻访其中的任何成员，或拜读他们的任何作品。2015 年春，一群年轻的设计师现身纽约时装周。他们坚持匿名，原因是担心时尚品牌会使公众忽略设计本身，并由此打击设计师创新的动力。其中一位设计师向《纽约时报》表示："不透露身份就能有效解决这个问题，这真的棒极了。"

同年春天，位于纽约多布斯费里的迈斯特预科中学（Masters School）戏剧系的学生们发起了一个以"匿名"为主题的交互式戏剧项目。演出伊始，只见 5 个一袭黑衣、口罩覆面的人躺在地板上，以夸张而扭曲的姿态缓缓站起。他们无声地走下舞台，在观众席间穿行。接着，他们带领观众来到室外，观看各式各样反映匿名力量的小场景：一名吉他手即兴演奏的旋律与陌生人的声音汇聚成一支和谐的乐曲；一个陪审团正在审度一场刑事诉讼的量刑；街上的几个路人正好看见一名女性被侵犯，于是紧急讨论该何行动。演出临近尾声时，表演者朗诵了现场观众写下的忏悔书。这些忏悔书都未经签署姓名，内容从日常小谎到朋友间的摩擦，再到曾产生的轻生念头，人们总是有数不清的烦恼与悔恨。

整场表演几乎没有预先创作好的剧本予以指导，演出瞩目于"匿名"的力量及其所遭受的威胁。导演组的一名学生弗兰西斯卡·拉帕斯塔（Francesca LaPasta）承认"匿名"状态非常具有诱惑力，她认为这种状态有时候等同对个人隐私的保护：

　　我们这批"千禧一代"的生活早已与社交媒体密不可分。但我也注意到，同龄人反而产生了对"匿名"的诉求，试图以此保护自己的隐私，哪怕好像每个人都在告诉你"这是不可能的"。一旦你把什么东西发到网上就永远无法再收回。它将永远藏在互联网中的某个角落。我也明白，许多同龄人其实并未真正考虑过自己每个行动的潜在后果。可现实是，一旦将自己暴露于全世界的目光之中，就真的再无隐私可言。

　　北卡罗来纳州鸟岛远端有座沙丘，上面竖着一个"志趣相投者的灵魂邮箱"（Kindred Spirit Mailbox），为造访者提供了一种别开生面的匿名方式。35年来，慕名前往的游客络绎不绝。有人在邮箱中留下告白和求婚的书信，也有人在其中留下忏悔书、请愿书、呼吁函和各种带有悲伤情绪的信件。有人留下的是祈祷、致歉和道别，还有人写的只是对周边海景的印象。所有这些信件中的信息触及了人类感受与体验中的每一个细枝末节。这座邮箱之所以充满吸引力，或许是因为它对匿名无比包容；或许是因为哪怕非常短暂，它也使我们得以将自我身份搁置一旁；甚至还可能是因为其靠海的地理位置，见证着每一天的循环往复。永无止境的潮起潮落与每天被风轻轻吹拂的细沙和海水一起，向我们隐晦地传达着一个现实问题：下一场突如其来的风暴随时可能将这座邮箱连根拔起，卷进海里。尽管如此，还是有人为这座邮箱建立了一个 Facebook 主页，很快，它就拥有了好几百个粉丝。人们还将自己为邮箱拍摄的视频上传到 YouTube 上，并将大量关于它的照片发布在 Pinterest 上。由此看来，即便是这座令人痛心的匿名纪念碑，如今亦在社交媒体上有着属于自己的一片小小天地。这同样反映出人类在这方面的矛盾情绪，掺杂了我们对未知和未见的复杂感情。

传统观念认为，匿名好比一种隐形斗篷，穿上它的人就能无视道德标准。时至今日，这种陈旧的观念已越来越站不住脚。我们经常认为，当自己看不见别人的脸时，也会失去对其人性的了解。而与素未谋面的网友在线互动，往往会导致诈骗、恶意引诱、人身攻击等常见互联网犯罪问题。从某种程度上说，这是事实。社交网络容易滋生谩骂与性暴力威胁，这就是为什么大学生匿名社交网站"Yik Yak"横空出世之后很快就沦为网络暴力与恶意攻击的温床。另一个匿名网络论坛"4chan"甚至无须用户注册，即可允许任何人随心所欲地在上面发布消息。很快，这个论坛就因其匿名性而发展成公认的丑陋之地。各个子论坛充斥着诈骗信息和阴谋论，各种误导信息混淆着公众视听。一些网友甚至恣意发布关于种族歧视、性别歧视、诋毁女性、拐卖儿童从事性犯罪以及各种愤世嫉俗的仇恨言论。尽管匿名时常与恶意、秘密、羞耻行为有关，却也不能使我们否认，匿名在当代美国文化中还意味着对开放与曝光的诉求。即便如"匿名戒酒协会"这样的组织也被其部分成员敦促要进一步开放才行。当被问及"匿名"是否对克制酒精成瘾这一公共健康危机有所帮助时，作家苏珊·奇弗（Susan Cheever）表示，匿名"既保护了一些东西，也隐藏了一些东西"。她甚至质疑，酒精成瘾者或许还不如一些美国男同性恋者那样敢于公开自己的真实身份[6]，并以此为傲。

但如果这样就说"匿名形式"大势已去，未免还言之尚早。在透明化程度日益加深的社会文化中，匿名所带来的心灵慰藉显得前所未有地重要。2015 年，一组数据科学家在仔细审查了超过 100 万的消费者信用卡交易记录后发现，仅凭五六种行为特征线索，如购买时间、支出金额、商铺地址等，就能识别出 90% 消费者的身份，尽管此时他们仍不知道消费者的姓名、住址和信用卡号等私人信息。看来，邮箱、沙拉碗和纽扣之类的东西，无不如实反映着我们在保持匿名状态时的个人喜好。在更大型的社区中，"求同"是人类的一项基本需求与渴望。我更倾向于把匿名视为"一种新的出名方式"，这便是露丝·尾关（Ruth Ozeki）在她的新书《时光的彼岸》（A Tale for the Time Being）中所陈述的观点。尾关在书中构思出一只数字化蜘蛛，能神不知鬼不觉地侵入搜索引擎数据库，彻底清除目标个体的所有隐私信息、恶意视频以及耻辱时刻，而这些正是网络世界最擅长记忆的东西。这只名叫"毁灭者木木"的蜘蛛贪婪地吞噬着人们在网络上的身份数据。据尾关本人表示，"新时代'酷'的标志就是不露名。不露名的人反而才是真正的名人，因为真正的自由来源于不为人知"。我不禁想，安迪·沃霍尔当年关于名望的预言[①]或许已得到验证，而活在这个时代的我们，也许可以开始想象一下自己也能享受15分钟的绝对"匿名"。

1901年，作家杰拉尔德·斯坦利·李写道："众人一拥而上共同建立的文明不可能伴有任何美感，除非人群本身就是美的。"一个世纪前，艺术家、建筑师和设计师发现了一种塑造城市生活体验的方法，能在看似不可控又嘈杂的人群中创造出优雅与秩序。纽约中央火车站内被清洗得锃亮的过道、"规模宏大的主站台"、高耸的穹顶和反光的阳台，都在设法向通常看似无法掌控的混乱人群灌输着礼仪与文明。

在最近一次穿行于中央火车站主站台的过程中，当我发现自己路过正在自拍的青少年时，都会不自觉地想要赶紧掉头离开。我还看见一群集体出游的学生跟在老师后面，这位女老师一边走得飞快，一边埋头盯着手机。还有一群从亚洲来的游客出神地注视着上方穹顶的星座图。另一些人要么在问询台前逡巡，要么在等火车、等人，或者干脆只是在消磨时间。他们所呈现出的悠闲状态与火车站其他地方一派狂热而繁忙的景象截然相反。后来，我差点儿和一位西装革履的商务人士撞个满怀。他伸出双臂，好像在邀我共舞，但在我们两个各自站定后，又立马大步流星地朝相反的方向走去。一道闸门前，一名

---

① 1968年，安迪·沃霍尔在瑞典斯德哥尔摩当代美术馆展出作品时，曾说出一句经典名言："未来，每个人都能当上15分钟的名人。"

女性正向一位应该是她儿子的年轻男子道别。看着她泪流满面的样子，我不禁意识到，这片广阔的公共空间不仅允许人们每时每刻都那么亲密无间，也让这些时刻显得弥足珍贵。如果说火车的离开与抵达能够激发人的极端情绪，那么看着周围陌生人的生活照常进行，我们也能从中获得一丝慰藉。

　　每个人都在刻意避免一些东西，又因为某些东西与他人联结在一起，甚至还与另一些人相互吸引。我们都在随波逐流，都在顺应着人类基本的群居性，站在中央火车站的通道里很容易就可以感受到这一点。在居住着近75亿人口的世界中，人群被赋予了新的美感。或许，我们能构建起某种虚拟的东西，与中央火车站精美的大理石过道、高大的穹顶和恢宏的梁柱相媲美。这可能不只是一种思考方式，也是一种对自己在人群中也能找到自我的意愿与信心。

第八章　重读《达洛维夫人》

身体是我们成为隐形人的便捷通道。

——范妮·豪（Fanny Howe）

不久前，我收到朋友克里斯蒂娜发来的一封电子邮件。她60多岁，是名舞者，还从事编舞工作。在职业生涯的大部分时间里，她一直在四面墙上都安装着落地大镜子的房间里工作与生活。但现在，她不得不搬进西班牙南部的一个海边村庄。她知道，在那里，没有人知道她是谁。尽管她也不怎么会说西班牙语，但她告诉我：

我没有身份，也无须扮演什么角色。我不停地犯错，有时是不符合当地的社交礼节，有时是西语发音不标准。对于这样的我，当地人不会说"你没按我们的方式来"，这反倒让我觉得自己像是空气。我没有任何被排挤的感觉，他们只是好像视我为无形而已。在很大程度上，这正是我搬来这里定居的原因。这里就像一张空白的画布，为我提供了重新开始作画的契机。我发自内心地相信，当我们有理由被他人看见时，我们自会被看见。

　　我对克里斯蒂娜自称"像是空气"般穿行于世界中的观感并不陌生。尽管外表上未必一目了然，但"隐形"的女性其实出乎意料地易于辨认，因为她们身上反映出了关于女性及其社会地位的进步思想。19世纪，魔术师们酷爱邀请一位女助手表演"人间蒸发"这个节目，这些女郎在现实世界与精神世界间的自如穿梭总是十分叫座。后来，这类魔术表演还逐渐衍生出许多变体。魔术师们主要在"人间蒸发"的场所和工具上做文章：一开始还只是各种各样的床单、毯子或被套，到后面发展成大型的箱子、盒子、橱柜甚至是地板上的暗门。还有些魔术师让女助手先是浮在空中，然后轻轻一挥手，就能使她当场凭空消失。20世纪初，随着女性越来越多地参与公共事务，魔术师使女助手"消失"的技法也不断与时俱进，在表演中没有原因、缺乏逻辑或不计后果地加入了更多的创新元素。原本坐在一把椅子上的女助手，全身被魔术师盖上一条毯子。当毯子被再度拉开时，女助手就消失了。再下一秒，观众已然看到她不知何时出现在了观众席间[1]。

　　1938年，著名导演阿尔弗雷德·希区柯克（Alfred Hitchcock）在自己拍摄的电影《失踪的女人》（*The Lady Vanishes*）中讲述了一则有关"消失的女性"的故事。影片中，一名年轻女子与一名和善的老妇人在火车上结伴同行。但在年轻女子从沉沉的睡眠中醒来后，突然发现老妇人已经不见了，因而深感困惑。

老妇人是一位家庭音乐老师，奉行独身主义。首次登场时，她正用手指在结着雾气的车窗上写自己的名字，然后看着名字几乎瞬间就随着水汽蒸发得无影无踪。之后，就在短短几分钟内，她也平白无故地消失了。可是，不管是其他乘客、乘务员，还是查票员，都不约而同地表示从未看见过这位老妇人。她消失了，甚至不曾存在过。当被要求描述老妇人的相貌时，年轻女子只能说她是"一名中年女性，年纪较长"，随即又只好承认"我也记不清了"。影片进行到后半部分，这位老妇人甚至被简化成"一场幻觉，一个臆想出来的形象，一个存在于潜意识里的小说人物"，甚至"除了几块肉外，再无其他"。直到最后，老妇人的真实身份才被揭晓——她其实是一名英国间谍，并在影片结尾反转成为真正的女主角。

今天，女性能够以任何表现形式"出现"或"消失"。在系列摄影作品《匿名女性》(*Anonymous Women*)中，美国摄影师帕蒂·卡洛尔（Patty Carroll）亲自担任模特，将自己的身形与家中常见的人工制品及传统家居布景——家具装饰罩、窗帘、电话、培根厚切片、摘下的莴苣叶、长条面包、墙纸、枕头和碟子等——融为一体，仿佛被由家居环境化身而成的巨蟒吞噬了。美国小说家惠特尼·奥托（Whitney Otto）的小说《现在你看到她了》(*Now You See Her*)，主人公是位恍如隐形人的上班族女性。明明在办公室里，却毫无存在感。她的同事——包括男性还有比她更年轻的女性——来来去去，在她桌子上留便条，或是擅自动用她的文具。"我当然能看见你，但我就是视你如空气。"其中一人如是说。在家里，她被自己的猫绊了一跤，可就连猫也对她漠不关心。当她用手掌贴着前额时，"只注意到自己的手，从指尖到上臂，正随着动作逐渐消失"。她觉得自己"就像是一幅原本色彩鲜艳的画，或是一张图案生动的地毯，却因为暴露于阳光下的时间过长而静静地失去了色彩"。在近期上映的影片《你好，我叫多蕾丝》(Hello, My Name Is Doris) 中，女演员莎莉·菲尔德 (Sally Field) 饰演的年长女性暗恋同办公室的年轻男子。在影片开头，男子帮莎莉调了调扭曲的框架眼镜，正如一位观众所写的影评那样，年轻男子自发的友好举动对莎莉产生了变革性的影响。显然，"皱纹每多一条，女性魅力就更消失一分"。当莎莉收获了比自己年轻的男子短暂的注意力时，这种认可感无疑"使她变得有血有肉起来，对她自身而言意义重大 [2]"。

　　"看不见的女性"可以是一名 40 多岁没有片约的过气女演员，可以是 50 岁得不到面试机会的待业女性，可以是因为丈夫不在了而被谢绝参加晚宴的寡妇，还可以是在餐厅里被服务员忽视的年长女性——即使在餐桌前坐定也没有一杯水喝，最后只得悻悻离开——当她在商店里购物时，收银员可能会漫不经心地称她为"亲爱的"。青春已逝，容颜已老，她们不再是男人目不转睛的对象，她们觉得自己的社会价值也在逐渐消减。以色列裔美籍女作家阿耶莱·沃尔德曼 (Ayelet Waldman) 在其 50 岁生日前夕提及自己"意料之中的消失感"时，向采访她的记者表示："我的个性十分鲜明，职业竞争力也不错，习惯于被人认真对待。但突然间，我会感到自己好像从房间里凭空消失了。我不得不扯着嗓子喊，否则就没人能听见我说话……我只希望走在街上时，有人能注意到我的存在。"

她的话不禁使我想起在近一个世纪前，还有另一位女性同样被人视若无睹地独自走在街头。她正是英国著名女作家弗吉尼亚·伍尔芙的小说《达洛维夫人》（*Mrs. Dalloway*）中的主人公。6月的一个早晨，当主人公克罗丽莎·达洛维（Clarissa Dalloway）在伦敦街头的一家花店里买花时，伍尔芙突然让她揣测起自己的个人身份来。达洛维夫人的走动也像空气般不引人注目，她思忖着自己在人群中所处的位置，却在驻足凝视一幅展示荷兰风貌的画时发现"现在的这具躯壳、这个身体，尽管机能完好，却好像什么也不是"。于是，她萌生了一种十分诡异的想法，感觉自己成了一个隐形人，既不被人看见，也不为人所知。达洛维夫人回忆了自己的人生轨迹，发现自己只是仰仗丈夫的名气而被人知晓，并很快接着怀疑，有时候女性被人识别的标志甚至只是一双手套或一双鞋。她想，她脑中空无一物，不懂任何语言，也不通晓历史，除某些回忆录外，连书都不怎么读。达洛维夫人这才意识到，自己"唯一的天赋就是几乎可以靠直觉识人"。

达洛维夫人的存在感忽隐忽现。她反复进出于公众视野，尽管还有些模糊，但她确实反映出了那个时代的女性在公共事务领域中所扮演的角色。作者伍尔芙追随着达洛维夫人的脚步，陪她停在马路边，随她驻足望向窗外，有时甚至还得跟着她加快步伐，就像在雪天里顺着脚印追踪一头野生动物的去向。

伍尔芙似乎意在告诉读者，个人身份并非一成不变，或许还会随着年龄的增长发生更加频繁的变化。年纪渐长的女性拥有更广阔的选择空间，能够自由决定在什么时候通过何种方式"被人看见"。在达洛维夫人体会到这种自我消失感的几十年后，同样的感受被美国女作家弗朗辛·杜·普莱西克斯·格雷（Francine du Plessix Gray）在其杂文《第三纪元》（The Third Age）中再现。如果感受到他人投向自己的目光逐渐淡漠，格雷建议，那么可以选择"深度自省，或加深对他人的观察，或寻找其他引人注目的方法，借助整体面貌、权威感及表达方式[3]，达到超越性别的目的。这些都是我青年时代的导师给我的教诲"。

格雷谈论的或许是女性成为自己命运的主人与甘愿沦为他人眼中的物体之间的差别。在我们的文化中，男性总是习惯性地物化女性，这已是老生常谈的话题。但正如心理学家艾莉森·卡珀所说的那样，如果女性其实是这种痼疾中的同谋，即女性也惯于将自身视作物体[4]，那么当物体本身失去其可取性时，她们必将不自觉地凭借自己的敏锐直觉感受到这一点。卡珀还补充道："身为人类，我们都需要获得他人的认可。但随着年龄的增长，我们寻求认可的方式可能也会相应改变。作为主体的女性用心体会着所经历的一切，知道自己必然能够对他人造成影响，明白自己如何才能最终成为人生的主人。而且，她还了解想要做到这一点就必须承担的责任。"而一名内心世界发展不完善的女性，有可能会继续物化自己，迷失自我意识。

达洛维夫人显然就是一个物体。她先是意识到自己的身体只是一具没有灵魂的躯壳，紧接着的心理活动便是发现这具躯壳里全然空无一物。伍尔芙在短短几行字中，就将"不被看见的女性"与"靠直觉识人"联系在一起。自《达洛维夫人》于20世纪20年代中期首度出版以来，有关人类天性的更为平淡无味的研究也都得出了相似的结论。拥有"自己不像从前那样受人关注"的感受，并不一定限制着女性对人生的体验。"不可见"状态通常伴随着更强烈的同情心与怜悯心，指引我们以更具人性的观点看待世界。事实上，存在感的削弱非但不会限制我们的生活，反而能够给予我们支持，让我们从周遭环境中汲取更丰富的信息。尽管听上去颇为矛盾，但这样一种"蛰伏"的状态反而能够帮助我们在更宏大的架构中找到属于自己的位置。

美国心理学家安娜·吉诺特（Ana Guinote）及其研究小组近期在《美国科学院院报》（*Proceedings of the National Academy of Sciences*）上发表了一系列研究成果。他们发现，决定一个人在多大程度上具备利他主义精神的，往往是包括名声在内的社会地位，而非家庭背景或个人秉性。研究者写道："即使人类已经算是最愿意帮助同类的物种，但这种利他主义的水平在教育程度、性别角色、人种生物学特征及经济状况不同的人群间仍存在广泛而明显的差异。"最后，他们得出结论，相较于社会地位更高、知名度更广的人，社会地位更低的人更倾向于为他人着想。社会弱势群体，如某些少数族裔、女性及社会经济地位低下的人群更可能遵守公平原则，并对他人抱有更多的同情心。

在吉诺特的一项研究中，每位受邀参加试验的学生都被分发到一份其所在院系的成绩排名表，可以从中查看自己的名次。然后，当着受试者的面，研究者看似不慎留意地让一只装着 20 支笔的笔盒掉到地上。被随机分配到靠后名次的学生愿意马上停下手中的事务，帮助研究者从地上捡起笔。相较之下，那些随机排名靠前的学生则显得无动于衷。在另一项研究中，一群本科艺术生依据其所上大学的声望被武断地分成三六九等，然后回答一些关于人生目标的问题。因自己就读名校而自认高人一等的学生中的多数在讨论人生目标规划中提及了权力和声望，而那些所读学校不尽如人意的学生更多地谈及帮助他人、参与公共事务以及为社会做贡献的话题。研究者发现，社会地位对一个人所具备的利他主义程度的影响，就连在小孩子身上也不例外。在一项试验中，学前班儿童以两人为一组，被要求在一只高级玩具和一只不怎么值钱的玩具之间自由选择。结果，选中高级玩具的孩子在行为上显得更加颐指气使。接下来，这些儿童被重新分组，这次每个孩子都与拿到同样价值玩具的孩子在一组，再次竞争一只更加值钱的玩具，新的阶级地位再次形成。再之后，所有孩子都被分到一根小棍，并被要求回答是否愿意把这根小棍送给另一个没有小棍的小朋友。结果，在之前的试验中处于较低阶级的孩子显得更加慷慨。于是，研究者得出结论，这些社会地位较低的孩子更加体恤他人，更擅长与他人建立联系，亲和力更强，还能更好地辨别他人的情绪状况[5]。从性别上看，女性普遍比男性更认同慈善价值观。

"更擅长建立联系"听上去似乎索然无味，却与近百年前达洛维夫人的体会差不多。她发现，"不被看见"并不意味着被忽略或被鄙视，而是依靠本能活在当下，完全融入周围的世界。"更擅长建立联系"也可以是达洛维夫人坐在梳妆台前端详着镜中自己的脸而萌生的感悟。她看见的是：

> 一个女人端坐在客厅里，与镜中的自己四目相对。这无异于枯燥生活中的一丝亮色、独行者可以暂时落脚的港湾。或许，那些曾经受她接济的年轻人对她感激不尽。她也一直努力维持并表现出最好的自己，从未在他人面前展露过任何阴暗的一面：错误、嫉妒、虚荣与怀疑……

这是伍尔芙一再回归的主题。就在这段场景描述的几页之后，达洛维夫人就认为自己"与素昧平生的人事物之间存在一种奇怪的联系——无论是与街上擦身而过的女性，还是与商店柜台后的一名男收银员，甚至是与街旁的树或谷仓"。

达洛维夫人的"隐形"状态使她变得可爱起来。她其实算不上是一个社会地位低下的人：她那炫目的绿裙子由丝绸制成，在她不时于伦敦举办的晚宴派对的餐桌上摆放着银制的烛台和娇艳的玫瑰。但作为一名大龄已婚妇女，达洛维夫人的处境可谓如履薄冰。尽管其他中老年女性也有类似"隐形"的感受，但达洛维夫人也意识到，一个人的人生也可以通过为他人所做的事情来体现其价值。她已经习惯与完完全全的陌生人建立情感上的联系，也深刻体会到这种"同盟"关系带来的经久不衰的价值——实际上也是一种力量。

达洛维夫人明白，自己是靠着"循着事物的规律"生存下来的。虽然她与周围的人群显得日渐疏离，个人形象日益模糊，甚至还面临着某天彻底被他人无视的风险，但她清楚地知道，自己像是"一团雾，弥漫于最知根知底的人之间"。她知道人生都是转瞬即逝的，并非时刻都能引人瞩目，但这种昙花一现的本质正是使人生鲜活的根源所在。如果要为达洛维夫人创作一幅画像，或许可以采用前述埃里克·索斯的"不见脸的自拍照"风格。倘若达洛维夫人活在现代，就能一边在邦德街上走着，一边用手机拍下自己的所到之处，记录下自己当前的位置，就好像一小团伦敦的雾气突然模糊了她的脸。

达洛维夫人在现代的化身或许是"漫威"漫画旗下的超级反派角色"魔形女"（Mystique），曾由好莱坞女演员珍妮弗·劳伦斯（Jennifer Lawrence）在《X战警》系列电影中饰演。身为"变种人"的魔形女拥有超凡的变身能力，在与人建立奇怪的联结方面与达洛维夫人可谓不相上下。在蓝色皮肤覆盖的躯体之中，"魔形女"没有物理意义上客观存在的自我，却能随心所欲地变化成任何人、任何身份的形体外表，如刺客、德国间谍、教授、小女孩、议员夫人、时尚模特，甚至是美国国防部的工作人员。无定型的外表使她得以伪装成其他人。像达洛维夫人和"魔形女"这样的女性，集情感上的想象与存在上的轻盈于一身，由此得以在别人的人生中畅游，有时甚至可以寄居于不属于自己的人生之中——无论这个人是一名时尚模特，还是柜台后面的一位男收银员。

另外一个人或许也能称得上达洛维夫人的现代版，她就是 20 世纪 60 年代的德国超模薇拉·兰朵夫（Vera Lehndorff）——以"沃汝莎卡"（Veruschka）的名字广为人知。在临近模特生涯的终点时，她与德国艺术家霍尔格·特吕尔兹（Holger Trülzsch）合作了一系列人像摄影作品。照片中，她全身被涂上了与背景相衬的图案、颜色与纹理。她摆出各种姿势对自己加以伪装，将自己融入背景中，与之浑然一体。这些照片同样体现出一种"奇怪的联结"。沃汝莎卡一反平常在 T 台聚光灯下的耀眼形象，转而消失在废弃工厂内生锈的管道网中、被粉刷得斑驳的白墙前、拼搭成沧桑木门的灰色板材前、覆盖着青苔的地面上，又或是老旧谷仓的窗前。在其中一张照片上，我们只能看见她的头，可就连她的头也被涂上油彩，与周围那苍白、磨损、凹凸不平的岩石别无二致。无论是在空荡的仓库中、老旧的谷仓里还是一片无叶的树林里，沃汝莎卡的形象都向我们传递出一种侵蚀与腐化的讯息，夸张地渲染着照片中的景与人，戏剧性地阐述着二者共同承受的衰老与损耗。

在随照片附带的文字中，沃汝莎卡回忆道，自己儿时的不快乐都是因为意识到"我一直渴望能与自己认为美好的人事物相融合，却发现自己与他人之间存在着无法逾越的鸿沟"。她还回忆起小时候自己所做的那些徒劳无功的努力，比如试图变成一棵树或一片光。几十年后的今天，当这些照片被分门别类地划分到模仿艺术、标志与动物以及自然等领域时，沃汝莎卡仿佛重拾起儿时的异想天开。她写道：

> 当我开始用自己的身体创作的时候，油彩的颜色与我合为一体，没有任何"中间"地带。我一直坚信，事物之间必然存在某种联结的可能。如今，这已经通过我的作品体现了出来，照片与被拍摄的物体间有了某种连贯性。能体会到这种存在于人与周遭世界之间的和谐使我们感到幸福，因为它提供了一种联结感，使我们仿佛拥有了一种能接纳任何所接触到的东西的亲和力[6]。

这是一种关于女性之美的概念，与夸张的摆拍动作无关，却与同化、融合与适应之间有着千丝万缕的联系。换言之，它主张女性成为环境的一部分。

美国作家苏珊·桑塔格（Susan Sontag）曾撰文介绍沃汝莎卡的这组照片。她表示自己从中体察到"一种想要将自我溶解于世界、将世界化繁为简的热望……照片中的人想与环境牢固地结合在一起，成为非物质化的一只游魂……"读罢这些文字，我重温了这组照片。照片中的她躺在灰色的沙地上，或蜷缩进一处黑漆漆的门廊中，又或斜靠在一面白色的墙壁上。我翻到最后一张照片，她肩膀以下的身体部位全都被涂成了白色，头部好像被油彩染上了一层亮蓝色，与背景中的蓝天互为映衬。这幅图像展示的是一具从物体变为空气、从物质变为非物质、从有形变为虚无的女性身体。这种与环境难舍难分的伪装术并非为了逃避追捕、躲避危险、寻觅食物或求得配偶，而意在于事物间找到哪怕一丝一毫的一致性。

后来，我又重读了克里斯蒂娜发来的那封邮件，发现邮件内容与另一位朋友曾对我讲的话异曲同工："我发现，那些关心我的人，自然会看见我。"当克里斯蒂娜在邮件中提及丈夫和女儿们与自己共同搬进新家时，她有了这样的感悟：

今天，我突然明白了一个道理。我虽然感觉自己处于"隐形"的状态中，但这其实并非一无是处。它就像练舞房的落地镜，只不过在这面镜子前你不仅无法直接看见镜中映出的自己，连外在的自我也有可能从视线中消失。我望向窗外的汪洋大海，所有水域互相连通，而我也在其中找见了自己。

同样地，克里斯蒂娜也成为连贯事物中的一分子。她存在于事物的联结网中，随着这张网的流动而游移。当她透过位于西班牙的家的窗口遥望海港时，或许可以感受到自己已经与所处的环境缔结了更亲密的关系。

　　无论是"一团雾"般的达洛维夫人，还是与晴空融为一体的女性胴体，抑或是眺望大海的退休女舞蹈家，都为我们重新审视"隐形"状态提供了一种新的视角。不透明性本身就像结缔组织，当我们试图在上面留下印记时，会发现这印记是如此难以捉摸、转瞬即逝，就像逃亡者身上的记号或徽章。我们不妨将个人身份想象成在火车车厢中的一面糊满雾气的玻璃上写的字。雾气散去，我们的字迹也很快消失得无影无踪。

第九章　正在消失的自我

思维是一座剧院，各种感知轮番登场。

它们走了又来，来了又走，在无限多的姿态与情境下交杂。

因此，在某个特定的时间里，人的思维无法被简单地总结归纳，也没有单一的身份可言。

——大卫·休谟（David Hume）

我母亲在她 60 岁那年夏天的一个早晨，一觉醒来发现自己丧失了书写能力。尽管她还能暂时屏住思绪，提起笔，却怎么也不能将思想落成文字。原本，她还以为是手腕遭受扭伤或肌肉出现痉挛的缘故，直到第二天，她从医生让她做的 CAT 扫描结果中得知，自己患上了胶质母细胞瘤。这是一种病程进展十分迅速的脑部肿瘤，位于她的左前额叶处，约一只青柠般大小。胶质母细胞瘤的发病原因尚且不明，但它会对一个人的日常沟通能力造成损害。雪上加霜的是，前额叶正好是大脑统筹语言、组织注意力、做出理性判断与控制情绪的中枢系统。

后续的肿瘤切除手术不能说是十分成功，紧接着就是化疗与放疗。母亲查出肿瘤后的第一年，我虽然人在旧金山，却经常去东海岸探望她和爸爸。那时候，家人都清楚地意识到，随着肿瘤的增大，家里的抑郁氛围也逐渐加深。母亲没了食欲，对其他东西也兴味索然。某天下午，我恳求她吃几口三明治。"求您了。"我陪她坐在桌前，低三下四地乞求，"就吃一小口。"母亲突然对我怒目而视，说："如果这就是你对待我的方式，那你现在可以回加州了。"我感觉双眼一阵刺痛，整个人僵在原地。母亲从未用这种口吻对我说过话，往日的和蔼荡然无存。她一直都知道自己是什么样的人，青年时期的她就读于佛蒙特州的本宁顿学院，毕业后为《党派评论》（*Partisan Review*）杂志从事文章编辑工作。她结过两次婚，思想前卫，是个慷慨无私的好母亲。如今，区区一小片面包就能让她对我大动肝火。

谁知道她这股无名怒火是从哪儿来的呢？当然，这可能源自她对突然面临的语言障碍和随之而来的无助，这些都是直面死亡带给她的痛苦。不过，这种愤怒也可能来自肿瘤本身是客观存在的这个事实。肿瘤所在的额叶不仅是语言中枢，还是情绪的处理中心。这类肿瘤经常引发的语言障碍不仅会使患者容易说话颠三倒四、突然忘词，还会让他们产生孤立、寂寞、沮丧和愤怒等负面情绪。我们所熟识的母亲已经不复存在，对于家人是这样，对于母亲自身亦如此。疯长的脑部肿瘤细胞不仅侵蚀着她的情绪、保持冷静的能力和同情心，似乎也向她的自我发起了猛攻。在那段时间里，我常说她"变得不像她了"——这是当时的我挂在口头上的一句话，似乎遵循着我们在谈论各种神经疾病时所依赖的惯例，就像那些患上抑郁、阿尔茨海默病、自闭症、人格障碍、脑卒中或任何其他形式的神经疾病患者也总是被人说是变得"不像他自己了"。然而，回想起这句那段时间常在我脑中盘旋的话，现在的我才意识到，原来当时的我竟然什么也不懂，也没能了解自己说出口的话到底意味着什么。

现代医学已经对大脑与神经系统所能做的各种"消失"行为有了更深入的了解。脑损伤患者会误以为自己的全身，或身体的某些部位"消失"了，仿佛这是千万种从周围人的注意中逃脱的方式——尽管也许只是这里或那里的随机一小块"不见了"。只要一想到母亲的病，我就对"自我隐形"之类的概念丧失了兴趣。我热衷于"不被看见"的状态，也深知不那么看重自我所带来的种种好处，但我一直刻意忽略了某个显而易见的事实：人体在非自愿的情况下发生的"自我感丧失"实实在在地波及着机体上的生理变化，而且通常伴随着一种每况愈下、分崩离析的创伤感。

人类似乎天生就不习惯消失。我们不仅平常几乎注意不到卵石植物、竹节虫与飞蛾那低调的优雅，我们的大脑也生来就在消除身体各部分特征方面拥有独特策略。在这个问题上，加州大学圣塔芭芭拉分校心理学与脑科学教授斯科特·格拉夫顿（Scott Grafton）给了我启发。他的研究成果使我意识到，我们对身份核心功能及其能力了解得越多，可用于分解同一性的方法也就越多。大多数人通常认为，如果身体和心灵并不完全在一个精准统一的过程中进行协作，那么就会以某种即兴的、脱节的伙伴关系让我们展现出鲜明的个人特质，但这种合作机制很容易受到搅扰。我们认为自己只是单一的实体，但其实它更像是先天遗传特质、后天习得行为、习惯与对外部事件所做反应的综合体。格拉夫顿教授在给我的一封邮件中写道："行为神经学与认知神经科学专家均认为，'自我'与'自我存在感'就像各种大脑模块、应激过程与特定进化解决方案的集合体。尽管我们常将'自我'视为独立的个体，但这其实是一种错觉。"

这样看来，当大脑功能的随机组合发生偏移、弱化甚至偶尔的集体停工时，我们就有可能产生"隐形"的感觉。"自我"的边界比我们通常认为的更不明显，而个人同一性也可能因为任何一种大脑功能的紊乱而消失。格拉夫顿教授指出，大脑功能紊乱也很容易扭曲"身体图式"（Body Schema），进而导致我们在社会生活中做出种种看似怪异且不理性的行为。当我们的"身体图式"被破坏时，我们的身体自主感、空间方位感和机体动作感就会改变，先前习以为常的视野和体验也将被颠覆。即便是健康状况良好的人有时也容易感觉到身体不受控制，甚至可能对最基本的物理感觉产生自我怀疑。

在 1998 年著名的"橡胶手试验"中，认知科学家将一只"橡胶手"放在健康受试者的手边。受试者的视线被某个物体挡住，虽然不能直接看见自己的手，但仍能看见旁边的橡胶手。随后，科学家同时用两把颜料刷分别刷"橡胶手"与受试者的手。出乎意料的是，许多受试者坚称自己"感受到了"橡胶手被刷的刺激感[1]。可见，我们对自我在物理意义上的存在感是敏感且易受外界影响的，甚至随时都有可能经受不住外界可疑信息的干扰。

认知障碍进一步佐证了人类感知的脆弱性。脑卒中患者感觉身体部位发生重组，这就是临床心理学上所谓的"自体感觉缺乏"（Personal Neglect）。大脑右半球遭受损伤的患者会对左侧肢体失去正确感知的能力，并且再也不能将感官体验完整地内化于大脑。除单侧肢体外，受到影响的还有对该侧肢体附近物体的认知。在这类患者眼中，消失的不仅是自己的一只手臂和一条腿，还有这只手臂和这条腿旁边的桌子、碟子与门。除视觉与空间体验变得扭曲外，患者的记忆与回忆功能也会受到扰乱。因此，很有可能患者明明想画一个苹果、一只鸟或一座房子，落在纸上的却只是这些图像的一半，遭受此类脑损伤的患者的单侧机体对于整个世界存在的意义都被否认了。而且，正如格拉夫顿教授所说的那样，对他们而言，"无论是物理世界、社交世界还是自我世界，每个世界的一半都不见了"。

额颞叶痴呆是一种神经退行性疾病，由大脑额叶与颞叶部位的神经中枢受损所致。就像我母亲脑部的肿瘤一样，它所攻击的正好是控制语言能力、判断力与沟通功能的神经中枢处。在这些区域的脑细胞死亡后，人的情感特征也会随之消失，而这正是定义一个人"是谁"的要素之一。当自我意识与同情心枯竭，随之消逝的还有情感与记忆，取而代之的便是淡漠与疏离，此时的患者只会对自己、对他人不以为意。对此，格拉夫顿教授的描述是"他们只剩下一具可怕的空壳"。不但如此，癫痫、偏头痛、高烧及精神分裂症患者还可能会出现所谓的"漫游综合征"（Wonderland Syndrome），致使患者对物体外形的认知发生变化与扭曲。例如，患者对物体的大小没有概念，空间感亦出现严重偏误，常人眼中再普通不过的物体也会在患者的臆想中出现形态、距离与位置上的变化。此外，患者还无法正确判断自己的身高，好比灵魂从身体中完全抽离出来，浮在空中。有的患者甚至还无法正确感知时间流逝的速度，在他们眼中，时间总是被莫名其妙地加快或是拨慢了。人格解体障碍（Depersonalization Disorder）则是一种截然不同的精神疾病，它的典型症状是自我与身体或精神世界的强烈疏离感。在极端情况下遭受严重心理创伤的人（如被虐待的儿童、战争幸存者、严重事故幸存者等）尤其容易患上人格解体障碍，因为这种疾病所带来的疏离感在本质上是一种有效的心理防御机制，患者自身所体验到的抽离状态可能持续几分钟或若干年。借此，从车祸中生还却遭受心理重创的司机便能将"自己"从当时的车祸现场中抹去。从心理学意义上讲，这其实是人类在无意识状态下使自己的某些部分麻木，以避免与那些令人难以忍受的阴魂不散、未知和遥远的东西发生正面接触。

"灵魂脱壳"体验是指一个人在短时间内感觉自己的灵魂与肉体发生分离的状态。在此过程中，人的视角将从身体本身转移到身体外部，有时甚至可能出现"双重视觉"的幻觉，即同时获得肉体本身与身体外部的双重视角[2]。有人说，这种身心分离的状态证明人类能有效控制自己的精神，并能使之与世俗和现实分离开来。然而，神经科学家认为，"灵魂脱壳"实际上是人类大脑暂时无法处理体感信息——可能接受到的感官刺激——的结果。人类身体的任何部位，在剧痛、灼烧或压力等外部刺激的作用下，如果无法正确处理触觉、视觉和前庭输入的反馈，将会彻底失去对空间的认知，环境的不确定性又将进一步对"身体图式"产生干扰。

这种"自我消失"的行为会使人无法展开正常的社会交往。一位我接触过的儿童神经学家经过多年临床实践发现，许多他收治的患有自闭症的儿童在不同程度上表现出与社会脱节的症状。他说："那些孩子几乎可以说是消失了。"这些自闭症儿童的沟通能力受损，无法捕捉肢体语言与社交细节的含义，不怎么愿意与人进行眼神接触，也下意识地规避肢体接触，而且更严重的是，他们中的某些人在某些特定情境下就是说不出话，即患有所谓的"选择性缄默症"（Selective Mutism）。这位儿童神经学家表示："那些孩子有时就像不在场一样。"他还说，自己时常发现与自闭症儿童患者之间存在心理隔阂，然后他得出了这样的结论："在他们面前，我反而觉得自己像个隐形人[3]。"

不过，自我消融有时也可以带来快乐。颞叶癫痫（Temporal Lobe Seizures）患者发病时，有时会在抽搐中伴随狂喜的情绪状态。此外，对于首次发病的患者而言，其中不少人会产生一种"与全人类联结"的博爱感。美国作家埃莉萨·沙贝尔（Elissa Schappell）在《光如何照进》（*How the Light Gets In*）一文中就描述过自己在这方面的亲身体验：

> 我一言不发，内心纯澈。活到现在，我还是头一回感到人生如此完整。此刻的我容光焕发，周身洋溢着幸福和对生命的敬畏。我感觉自己正在上升，前方有光明的世界以及无法预知的人生正等待着我。它是那样璀璨、炫目，充盈着前所未有的光亮。这些光奔涌而入，涌向我的掌心和脚底，我甚至能像掬一汪水似的，用双手从空气中捧起光。整个房间都无比敞亮，各个角落都充溢着光，就连墙上也有光倾泻而下。

但是，如果真的想"隐形"，不妨照着格拉夫顿教授的建议做。他在邮件中写道："打一针'速眠安'（Versed），就能连续失忆 8 个小时。在此期间，'失忆'就相当于'隐形'，因为你在这段时间内都好像不曾存在一样。""速眠安"所属的苯二氮䓬类药物常用于抗焦虑，同族的其他药物还包括"赞安诺"（Xanax）、"安定"（Valium）、"利眠宁"（Librium）和"安定文"（Ativan）。从公开的患者用药信息来看，这些药物用于

"使患者产生健忘症状，以使其不会记住手术或治疗后可能产生的任何不适感或副作用"。我至今仍记得自己多年前被注射这类药物时的感觉。当时我要做个小手术，医生在术前为我注射了一剂"速眠安"。药物在体内迅速生效，在我坠入那条深不见底的隧道之前的30秒钟清醒时间，是我在我所经历的人生中感到最幸福的时刻之一——我感觉自己成了一种纯粹的存在，与现实世界之间没有任何有形的联系。现实世界的纷扰全都退去，取而代之的是一种妙不可言的融合感——我感觉自己与一个更大的、庄严而仁慈的存在范围融为一体。我对周边环境产生了一种深厚的感情：对我的身旁站着的身穿绿色手术服的麻醉师，对医疗设备发出的忽明忽暗的蓝光，对米色色调的、仿佛通向广阔无垠的宇宙的过道尽头。我的感恩超出我所能表达的界限，"速眠安"就是联结我和宇宙的中介。直到过了这么些年，现在的我仍不禁想，那美妙的时刻是否在某种程度上都得归功于"失忆"的状态？这种状态在使人感到欢欣之外，还会不会给我们带来更深的绝望？

我希望自己能对当时体会到的欣快感进行更细致的描述，对它的发生原因与发展机制进行细致入微的解码，但事情已经过去这么多年，深入研究恐怕已再无可能。只有当一个人的情绪极不稳定或是面临手术时，医生才会开具"速眠安"之类的处方药。当然，还有一种情况，那便是触犯法律，从毒贩手中购买这种具有成瘾性质的药品。就我个人而言，这些情况对我都不适用。但要想更好地体会格拉夫顿教授所称的

"暂时性失忆"，未必需要动用"速眠安"之类的注射剂。我偶尔会服用"赞安诺"助眠，这种药品可引发"顺行性遗忘症"（Anterograde Amnesia）。不同于"逆行性遗忘症"患者失去既往事件记忆的表现，"顺行性遗忘症"的患者无法记起的是在造成失忆的事件发生后经历的事情。有一天，我在读《纯真年代》（The Age of Innocence）这部小说时不小心睡着了。许多个小时后，当我醒来时，发现这本书不知何时被谁放在了房间另一端的桌子上。我开始努力回忆小说中的情节：为什么艾伦·奥兰斯卡伯爵夫人没有事先知会一声呢？阿彻尔说了些什么？为什么梅·韦尔兰德当时会站在木兰树下呢？尽管我在睡着前的确一页页地翻阅着小说，但醒来后竟然记不起小说中所描述的任何情节或对话。连同书中的那些句子和段落一起，我生命中的那一小段章节也消失了。

还记得大学的某个暑假，我喝了很多伏特加。酒精会干扰人的记忆功能，甚至还会阻碍大脑形成新的记忆。换句话说，你并不是真的记不起发生的事，而是关于这些事件的记忆其实从未在你的脑中形成过。"喝断片儿"之后，一个人的行为、语言和记忆会被同时抹去。这就是为什么人们酒醒之后常常发现餐桌上多了一把不熟悉的钥匙、花园里莫名其妙地躺着一本书、家里的门大开着、狗不见踪影，喝醉酒的人无法解释这一切。他们在喝酒前后的人生体验是断裂的，并且再无衔接的可能。醉酒时，语言变得苍白无力，事件恍若没有发生，而自我的存在仿佛也化作一片汪洋大海，一座座回忆的岛屿在其中星罗棋布。有些岛屿准确地承载着事件的记忆，另一些却模糊不堪。个人的同一性成了巨大而神秘的群岛，周围笼罩着团团迷雾，环绕着未知的惊涛骇浪。无法探知的海岸线几乎不可能允许人们驾船前往，更别提登上其中任何一座岛屿了。

格拉夫顿教授所指的一个人能"在一段时间内抹去自身存在"的方法，似乎是对"消失"状态的精准描述。在这些时间段内，人生的体验未能像往常一样在这个人身上留下印记，仿佛发生在地球上的这一小段生活径直与他擦肩而过一样，就连他自己也看不见。当然，这种状态怎样都说不上好。回想大学毕业那年的暑假，我简直不敢相信，当时年纪轻轻的自己才刚开始对个人特征的探索，却在强烈的好奇心和刺激欲的驱使下主动选择从毕业照中"抹去"了自己。而在 40 年后的今天，我却无论如何都不愿错过哪怕一丝一毫的人生经历。

记忆会以各种方式飘散而去：失智症、脑损伤、脑卒中、药物滥用或只是跟随着流逝的时间本身。然而，失去记忆后的我们还剩下什么，以及记忆在何种程度上定义着我们的身份，至今无法用科学的手段加以解释。每个人的人生中都存在各种各样的重要时刻，比如湖边的游泳课、落在第一套属于自己的公寓玻璃上的雨点、南加州的公路旅行还有科德角海湾里海水咸咸的味道。我不禁想，当我们忘记了人生中这些重要的时刻，我们的身份也会随之出现偏误吗？我们的自我认知、与世界的联结感和对物理存在的感受都可能发生波动，甚至变得面目全非。神经损伤、心理创伤、镇静剂和药物滥用都能使我们暂时从这个世界上"消失"。有的东西留下了，有的东西却一去不复返。我们很难每次都将这些东西界定得泾渭分明。正如我在使用"速眠安"后的短暂时刻被诱发出了某种近乎狂喜的情绪一样，癫痫患者发病前也可能会陷入类似无意识的亢奋状态。但对脑卒中患者而言，对身体的某些部位以及半个世界失去感知或许会令他们心碎不已。

我母亲的脑瘤损伤了她的语言能力，不仅使她无法正常表达对家人的爱，还使她总是充满了无端的愤怒。这剥夺了我们认知中的她的自我，但这种观念已经过时。想要颠覆一个人的自我未必要让这个人遭受灾难性的折磨。即使没有对我们的认知健康造成如此严重的干扰，现在我们也知道，人格在处于动态变化的过程之中时会不断地进行自我修正。正如我们的身体总保持着新陈代谢的状态，每个成人平均每天能生成大约2420亿个新细胞一样，我们标志性的"人格粒子"也在不断重新排列。人类是狡猾的，我们有意无意地用不同的人格身份在世界里游走。

社会心理学家、作家丹尼尔·吉尔伯特（Daniel Gilbert）认为，人类远比自己想象的更具可塑性。"人类错误地认为自己已经完成了名为'前进'的工作。现在的你不是永恒的，与所有曾经的你一样转瞬即逝。人生中唯一不变的主题就是变化。"他说，时间具有强大的力量，能持续改变着我们的价值观、性格以及对音乐的品位、喜欢的地点甚至交友的要求等一切偏好[4]。

英国爱丁堡大学的研究人员开展过史上历时最长的一次对人类性格稳定性的试验，并与丹尼尔得出了相似的结论：我们在青少年时期看似已经发展成熟的特质，在我们之后的人生中可能会被全部推翻重来。从短期来看，人格特质可能呈现出某种程度的稳定性。但若以十年的跨度来看，人格特质的波动程度令人惊讶。研究人员使用的数据来源于追踪了 70805 名儿童的心理发育情况的 1947 年《苏格兰心理调查报告》。研究人员从中截取了 1208 名 14 岁青少年的数据作为样本，以研究他们从青少年成长至成人的人格稳定性，具体项目包括自信心、勤勉程度、情绪稳定性、责任心、创新能力以及求知欲 6 项人格特质。2012 年，研究人员对这 1208 名受试者进行回访，其中 174 人表示愿意参与研究。他们每人被分发到一份问卷，以根据自身情况在这 6 个方面进行自我评价，同时，与他们关系亲密的亲属、伴侣和朋友也受邀对这些受试者早期人格特质的存留情况进行协助评估。研究结果显示，尽管其中某些人格特质在受试者人生中曾在短期内稳定地存在过，但除情绪稳定性外，大多数人格特质已发生显著变化，有的甚至已经完全消失[5]。

大约两个半世纪前，同样来自苏格兰的哲学家、散文家大卫·休谟在其著作《人性论》（*A Treatise of Human Nature*）中就人类身份的短暂性做出了以下推测：

自我或人格并不是任何一个印象（impression），而是我们假设若干印象和观念（idea）所与之有联系的一种东西。如果有任何印象产生了自我观念，那么这种印象在我们一生的整个过程中必然保持同一不变，因为自我是被假设为以那种方式存在的，但是并没有任何恒定而不变的印象存在。痛苦与快乐、悲伤与喜悦、情感和感觉接踵而来，永远不会同时存在。因此，自我观念是不能由这些印象中任何一个或从任何别的印象中得来的，如此，也就没有那样一个观念。

　　仅仅几句话之后，休谟就已预料到了后世的神经科学家格拉夫顿教授的观点。休谟表示："大胆地就其余的人来说，他们都只是那些以无法想象的速度互相接续着、处于永远流动与运动之中的感知的集合体。"

　　人是会变的。人格特质比我们想象的更不稳定。自我总是像一个难民，不停地从一种状态迁移到另一种状态。无论我们是否认为自己的人格特质属于天生，它们其实都是可塑的。爱丁堡大学的研究数据或许较新，但早在休谟甚至"启蒙时代"以前，人们就已经了解了人格特质的可塑性。"无常"是佛教理论的基本概念之一，主张世间万物，有形无形，都处于一种永恒的变化状态。思想、感受、信仰以及行为上的"无常"，正是"存在"的本质特征。

　　我以前总以为，一个人的自我必然存在某种核心本质。它坚如磐石，其基本形状只在如大地震般强悍的极端情况作用下才会发生改变。但现在，我认为这个内核应该类似于某种冲积物，由沙砾、淤泥和陶土经年累月地沉积而成，裂痕遍布，砾石堆积。雨雪、气温、天气和时节，还有岩石内部不断变化的特性共同影响着这些冲积物的表征。我们不断变化，每次变化后的维持时间也并不会太长。如果我们随意指责一名遭受脑损伤、患阿尔茨海默病或健忘症的女性变得"不再像她自己"是没有根据的，那么，可能同样的话应用在其他情境中会更加精确。例如，我们可以说，这名女性每天早晨从梦中醒来后就"不再像她自己"。我们也可以说，当她读完一本引人入胜的书、享用完一顿美餐、刚游完泳或与丈夫共进晚餐后都变得"不再像她自己"。换作在我们的日常生活中，当你睡了10个小时后醒来，想着"此刻的我如获新生"时，你也变得"不再像你自己"。其他情况下，如刚做完膝关节手术、去冰岛旅行或是把头发染成蓝色后，其实都可以说是变得"不再像你自己"——而且事实上，这也是真的。

这是否就是我们选择"隐身"的原因？我们是否天生就对这种情况保持着一种内在的熟悉？或许，这是一堂每天、每分钟都在持续着的课程，我们身上的每块碎片都在以不可预料的方式来来去去。写到这里，我想起发生在我母亲脑部的细胞重组。夏日的夜晚，她有时会坐在室外，看着自己几年前亲手种下的玫瑰花丛。这时，她的内心会感到平静。其中一些玫瑰颇具年代感，是我外公早在几十年前的种植成果，母亲把它们小心翼翼地剪下，移植到这里。每每见到此情此景，我总爱想，母亲脸上流露出的愉悦反映出一种延续感，一种来自历史的传承，一丝无可磨灭的家族特征。这时的母亲重新成为她自己。可现在的我知道，人类并不存在哪一个"自我"可以召唤其所有人格特质、习惯、信仰及印象，使之成为一个具有凝聚力的整体。如果我倾向于认为母亲"再次成为她自己"，也只是因为我明白了自我是一种新旧结合的存在。它既沿袭了一个人早年生活的片段，又包含了这个人此时此刻刚形成的部分，哪怕她已步入了人生的黄昏。

第十章　隐形的地貌

　　欣赏着眼前的景致，倾听着一方水土的历史故事，人也会受此指引，思考起此情此景所蕴含的力量来。

　　这力量不仅隐含在眼前的岩石、溪流、海浪和瀑布中，还蕴藏在天上的雾和沙漠中扬起的尘幕后。

　　——特里·贡内利（Terry Gunnell）

　　乍看之下，哈夫纳夫约杜尔（Hafnarfjördur）这座冰岛港口城市好像没什么特别。它位于冰岛首都雷克雅未克南郊，这里的房子大多覆有波纹钢外立面，并被涂上了鲜艳的颜色，展现出一种直接张扬的美感。这里的街道空旷但优雅，常年大风，任何多余的东西仿佛都已经或终将被吹进大海。

　　但只需要稍加留意，便可发现在这座城市的街头巷尾其实零星分布着一些气派建筑。这座城几乎完全建在一片拥有7000年历史的"布尔费德熔岩"上。这种地貌以夸张、崎岖的黑色火山岩为标志。地面上的火山岩大小不一，奇形怪状，有的仅鹅卵石般大，有的拳头大小，还有的堪称巨石。于是，人们只好将道路和建筑铺设在火山口和裂谷周围。当地的希里斯吉尔迪公园（Hellisgerdi Park）几乎完全由石窟组成，黑乎乎的石头向内深陷，瀑布从岩石间的裂缝处迸发而出，小溪从早已凝固的熔岩上倾泻而下，唯有青苔与野生百里香为这幅黑白图景增添了一丝亮色。就连公园主干道附近的一棵扭曲而粗犷的山毛榉，看上去也非常符合熔岩地貌的美学特征。

当地居民普遍将这种岩石视为精神信仰，据说在随处可见的裂缝与洞穴之后隐居着来去无踪的秘密居民"小精灵"（Huldufólk）。想到这些可爱的小人儿，就连那棵粗犷的山毛榉也好像变得鲜活起来。在距离希里斯吉尔迪公园几个街区远的地方，一条名叫"梅尔克尔加塔"（Merkurgata）的街道出其不意地来了个急转弯，以避让一块不知从哪儿来的拦路巨石。在我造访的当天，这块巨石就那样突兀地横在路边，毛茛、野生百里香、蓍草和蒲公英遍布岩石表面，它们的根深深地扎进石缝里。巨石对面，街道的另一边，矗立着几幢现代民宅。司机师傅在一辆沃尔沃车里等我，倒车时显得格外小心。巨石所在之处的附近，当地人的生活仍在继续。另一条名为"维斯特布劳特"（Vesturbraut）的街道附近也有一块类似的巨石，只不过这块石头看上去更加齐整、美观，表面覆盖的青苔好像有人精心打理似的，上面甚至还遗留着一块尺寸夸张的鲸骨作为装饰。城中的路德宗"自由教会"已有百年历史，建立在岩浆凝固后露出地表的部分上。有人认为，这一大块熔岩以前正是"小精灵"栖居的地方。

不过，哈夫纳夫约杜尔并不是一个建在悬崖峭壁上、崇尚异教的偏远小山村，反而可以称得上一座现代郊区城镇。这里的地图上甚至标记出了"小精灵"的居所，但我感觉这些岩石并非真有什么法力。虽然当地人尊重、崇拜甚至敬畏"小精灵"，但这些感情也没发展到极端的程度。火山岩与当地居民的日常生活融为一体，看上去就像稀松平常的街道装饰物，与其他城市的路边摊、食物推车、横幅或用玻璃纤维制成的驼鹿雕像一样，彰显着这个区域的独特风貌。

当然，这些火山岩并不是一些设计师为了营造品牌效应而打造的做作卖点。固然，哈夫纳夫约杜尔的城市特点在于分布范围广阔、大小不一、数量庞大的火山岩，但在冰岛乡野的其他地方、在居民放牧绵羊的山丘和草地上、在村庄和城市中，火山岩也遍布其间，其中也不乏被认为是"小精灵"聚集的地方。哈夫纳夫约杜尔的传说不仅被当地居民所维护，也为城市行政区划委员会与其他市政机构所认可。据说，不仅仅是在岩石上，凡是惊扰到任何寄居在悬崖、洞穴、山丘以及各类地质缝隙中的"小精灵"，就有可能为当地建设或日常生活招致噩运。施工机器可能会无端故障、建设进程受到阻碍，甚至工人也会无故受伤。为了避免这类事件发生，政府不得不在修路与施工时十分注意避让"小精灵"的居所。2015 年，在位于锡格吕菲厄泽（Siglufjörður）北部的某峡湾小镇接连遭遇暴风雪后，建筑工人们被派往当地清理路面，却不料遭遇了洪灾与泥石流，甚至出现了伤亡。最后，有人发现一块有"小精灵"栖居的岩石被埋在地下。直到人们将这块岩石从泥土中挖出并清理后，当地的日常秩序才恢复如初。

整个冰岛都笼罩着一种超自然力量，而当地人对此也是心知肚明。"熔岩之友"（Hraunavinir）是一个国家性组织，致力于冰岛自然资源与文化遗产的保护。其成员与各级市镇政府、冰岛道路与海岸管理局及其他政府机构合作，共同确保冰岛特有的熔岩能够保存完好。2014年，当冰岛道路委员会计划修建一条需要横穿加尔加朗恩（Gálgahraun）熔岩区的新公路时，"熔岩之友"组织与该机构合作，审慎地将一块长达12英尺的熔岩进行迁移——据称，这块熔岩也是"小精灵"的栖居地。

由于尊崇"小精灵"也象征着对冰岛的熔岩、冰原和美不胜收的山间瀑布的保护，因此，如今它们通常被认为是当代环保工作的得力助手。不过，发展至今，"小精灵"在冰岛文化中的意义可不仅限于作为当代环保主义的坚定支柱，它们对大众想象力的把握说明了一些更深层次、更复杂的问题，更加切合我们现在面临的情况。冰岛不是一个张扬的国家，那里的裂谷、熔岩和草皮小屋无不彰显出隐秘的美感。随着虚拟现实技术越来越贴近我们的生活，我们也逐渐愿意接受虚拟技术与真实生活体验相碰撞的时刻。而这些真假难辨的体验融合，事实上，也是对人类生活体验的有力补充。

冰岛人的骨子里既镌刻着早期凯尔特拓荒者的基因，又继承着北欧维京人的性格。起源于中世纪的"小精灵"传说同时反映着两种文化的精神：它们是北欧神话中群居于地心深处的精灵的近亲，也被认为与栖居在动物巢穴、山洞与树干中的爱尔兰小精灵有着亲属关系。有历史学家推测，尽管冰岛这片土地属于北欧人，爱尔兰人只是维京人在侵略爱尔兰之后被掠回北方的仆从，但却在更大程度上影响了冰岛的文化精神。想想也不奇怪，毕竟还有谁能比当时被强迫充当奶妈和保姆的爱尔兰人更适合让这些神奇的故事一代代流传下去呢？但与它们所有的前辈一样，"小精灵"的传说诞生于生存条件恶劣、渔业和畜牧业难以为继、气候处于极寒的时代。冰岛人明白，他们只是这个危机四伏的世界的租客，是侥幸让他们生存到了现在。

然而，冰岛的"小精灵"也有自己的个性。它们是社会性动物，和人类的生活习惯很相似。它们吃着人类的食物（尽管它们的菜单中也包括花朵），穿着打扮也和我们差不多。如今普遍认为，对它们穿着的描述是源于19世纪人们对"小精灵"的故事由口头流传到书面记录的转变。它们没有魔法，和我们差不多，不过比我们更加高等一点儿。它们居住的房子也与我们的类似，只是条件更好一些。还有，它们养的牲畜更强壮，皮毛更厚实、更柔顺。它们的奶牛能产更优质的奶，它们的马匹跑得更快，姿态也更为优雅。在那个下一秒就不知自己死活的残酷时代，"小精灵"的世界在人类的想象中更加有序、文明、安全、得体且繁荣。可以说，"小精灵"反映了冰岛人对美好世界的憧憬，在超自然的背景中表现出一种更加务实的特性。

对"小精灵"的信仰之所以能在冰岛人中代代传承，也与这个国家地理环境的多样性有关。冰岛国土内千变万化的地理条件无不笼罩在一种无法预知的神秘氛围之下。直到现在，冰岛地貌仍处于让人惊奇的动态变化之中。这个国家处于大西洋中脊之上，这是北美洲板块与亚欧板块之间的一条断层。北美洲板块持续向东南移动，亚欧板块不停地向西北移动，两个板块不断漂移，渐行渐远。由此，冰岛本身也处于持续变化之中，有时这种变化还会以爆发性的形式呈现出来。这里地壳运动活跃，每周可以发生上百次地震，于是有了"群震"（swarms）一词（要不是出于了解冰岛地理信息的需要，我可能永远都不知道这个词的意思）。活火山广泛存在，也不难在六边形的黑色玄武岩柱、更软更圆润的枕形或其他形状各异的火成岩中找到各种生命体。你可能会在一天之中见到各种各样奇形怪状的熔岩，从流动的熔岩旋涡到表面结有硬壳的几何状晶体。但是，熔岩场也可能像月球表面的平原一样贫瘠，覆盖着沉睡千年的苔藓，或有鲁冰花丛点缀其间，就像条条纤细的紫色斑纹。

冰岛的冰原面积占国土面积的 11% 左右，并呈现出十分多样化的地貌，如冰潟湖、冰河和冰洞等，有在地热作用下定期从地表喷薄而出的间歇泉，有滚动着气泡、不断流动的热泥浆池，还有含硫的天然地热温泉。地貌的完整性维持得极好，仿佛以一种静止的状态存在着，就像不受全球气候变化影响似的，冰川水以一种直接而不受拘束的方式涌向平原。在位于冰岛北部地区的杰古沙龙冰潟湖（Jökulsárlón）中，冰山是令人惊讶的蓝绿色，外表有如产自热带地区的绿松石。其中一些冰山内部还凝固着火山灰，它们从冰冷的潟湖向黑沙滩漂去，仿佛为赴一场奇幻盛会。尽管目前暂无充分的科学依据可以解释物理环境对人类心理的形成过程产生影响的作用机制，但就我在冰岛的切身体会而言，自然地理与人类感观之间的关系似乎并非人类想象力的延伸。在这里也不难观察到，冰岛文化反映出当地居民对不可预知并无可揣摩的自然力量的熟悉与适应。美感与未知的交融在这里得到了充分的认可。

如果说冰岛的地理环境充满隐秘之美，那么这个国家的气候与光照条件同样如此。冰岛位于北纬65度，可以一连数月不见日光，还有可能被漫天大雪将仅存的微弱阳光隔绝于天外。有时，夜空中会浮现出绚丽的北极光，洋红色、蓝绿色与绿色交织而成的炫目光辉。它可能会，也可能不会照亮被黑暗笼罩的大地。所以，在冰岛，视线总是模糊的。美国诗人马克·温德里奇（Mark Wunderlich）回忆起自己在冬天前往冰岛郊区的旅行经历时对我说："我的耳边是呼啸而过的强风，脚下是2英尺深的积雪。外面很暗，什么也看不见。我本想骑马出去活动，但在这种情况下恐怕还是待在室内为妙。可是，在几个同行朋友的坚持下，我们最终还是决定穿上厚实的衣服出门。一路上，我们什么也看不见，但马儿知道方位。

就这样，突然之间，我们什么都能看见了。"

在冰岛，看不见的族群可不仅限于"小精灵"。根据冰岛的神话传说，还有能够在水下呼吸的海牛，能在海浪中消失并变幻成其他动物外形的、灰色身体上带有斑纹的水怪，以及狐狸与猫的杂交生物"斯柯芬"——它能像蠕虫一样钻进地里消失不见。这些故事可以让我们更好地了解冰岛这个地方，而且，根据冰岛大学民俗学教授特里·贡内利所说，它们还能：

> 将一片空间转化成一个具体地点，让那里适于生存，使人和动物得以繁衍生息……这些故事有如一幅幅涵盖了地理、心理、历史与宗教环境等方面的地图，无时无刻不在向外来者强调着这里的地名与每一条小径。这些故事还为这个地区赋予了一种历史的深度，并让回忆、鬼魂和各种超自然生物生存其中[1]。

要将冰岛的地貌和光照与它的神话传说分隔开来是不可能的，因为其中有许多传说立足于这片土地无形的力量之上。盛行的神秘感风潮或许可以解释为什么自18世纪末以来冰岛人的识字率就已近乎100%。不仅每个人都读书，还有许多人写作。最新数据表明，每10个冰岛人当中就有一个写过书。无处不在却无法看见的地理作用力和连续数月的不见天日，或许正是这个国家骨子里如此崇尚文字的原因。在冰岛，人类的想象力得以飞翔。所有这些传说与信仰还可能因为冰岛文化的内在特质而枝繁叶茂。像冰岛这样较为孤立的岛国，会产生如英国脑神经科学家奥立佛·萨克斯（Oliver Sacks）所指的"地缘奇点"（geographic singularity）现象，即这些岛国因为与其他内陆国家相疏离，不仅允许动植物种进行特殊进化，其居民的思维方式和信仰体系也较少受到其他国家的影响与干扰。一言以蔽之，岛国更容易培养出世界上独一无二的文化。

所有这些或许正好解释了为什么"隐形人群"的传说能如此紧密地贴合冰岛当代文化。我在冰岛南部旅行时，一位叫奥利·贡纳松（Oli Gunnarsson）的农夫指着自家谷仓旁的一座古老草皮小屋给我看。如今，这座草皮小屋的屋顶轮廓线已被整齐地折叠进下方的草皮里，与之完美契合。奥利告诉我，这座小屋已有几十年的历史了，早在他祖父母在世时就已存在，专供一家"看不见的客人"居住。可是，一场暴风雪摧毁了这座小屋的屋顶，"看不见的客人"也随奥利的祖父母暂时搬进了附近的一家农场。奥利的祖母总爱在晚上兴致勃勃地喝上一杯雪莉酒。某天，她发现雪莉酒瓶里的液体少了一些，于是对丈夫说："你最好把小屋的屋顶修好，这样客人们很快就可以搬出去了。"于是，她的丈夫很快修好了屋顶，所有人的生活从此恢复正常。奥利自知这则故事听上去未免荒诞不经，因此在讲的时候自己也忍不住开怀大笑。但当我问他是否会和家人继续住在这里时，他说："是的，应该会吧。"他相信这些

"看不见的客人"存在："我虽然看不见他们，但就像人们看不见上帝一样，并不代表上帝不存在。"他说，这是一种彼此尊重的关系。他的女儿3岁时，就与几个"看不见的小朋友"一起在岩石洞穴里玩耍。每到下午，直到"看不见的小朋友"被自己的父母叫回家时，女儿才会回到农场，回到他们身边。

一位生活在冰岛北部的农妇告诉我，这类神话传说在冰岛东部——她长大的地方，更加盛行。当她还是孩子时，在这方面也有类似体验："小时候，基本上你看见什么就会相信什么。但长大后，即使是像我们这样的成年人，大多数也依然相信这些东西。"和她聊天时正值7月中旬，就在她家的小村舍里。整个乡野此时已经沐浴在苍白的北极光中许多个昼夜。光照永不停歇，只会偶尔从一片温柔、弥散的灰色转变为薄暮般的珍珠白。浓雾牢牢地裹覆着农舍，向外望去什么也看不见。这里的视觉条件一贯如此。在屋内进行的关于冰岛未知事物的语义模糊的对话正在屋外自然而然地如实反映着。

短短几天后，酒店前台的一名柜员告诉我，她那5岁的儿子经常和一个"小精灵"男孩一起玩耍。"儿子总想把自己的小玩伴带回家来，"她告诉我，"但我坚持说'不行'！"她相信儿子讲的故事，却不怎么愿意让儿子把那难以捉摸的玩伴带到家里来。她告诉我："它们只是我们生活中的一部分而已。"现在，她和丈夫住在农场里，自家房子后面小山上的石堡里就住着"看不见的人们"。我一边听她说话，一边望向窗外的那座散布着灰色岩石的小山，然后问她究竟怎样才能分辨出"小精灵"的住所。她回应道："只要看岩石的构造就行。有时，你会发现一大块岩石，而旁边会伴着一块更小的。它俩排在一起，与我们平常盖房子排列石块的方式没什么不同。"我听着她说这话时的语气，越发感到似曾相识。她的语气既透露着一种实际的适应性，又表达出一种纯粹的古老信仰。那天早晨的晚些时候，我驱车前往据说是"小精灵"聚居处的一座山坡。这座山平淡无奇，山上到处都是奇形怪状的石头，覆盖着苔藓和青草。这里没有什么独特的标记指明任何具有独特意义的位置存在，我实在看不出这里有什么特别之处。

阿德盖尔是生活在冰岛北部的一位牧民，已经80多岁了。他借助一台翻译机器告诉我，自己12岁时也与"小精灵"有过一次奇遇。那时，他在一块岩石附近遇到一位身着一袭蓝裙的女性。她态度友善，却一言不发。此后，阿德盖尔再也没碰见过类似的情况。不过，许多农场都有这样的石头，已经成了这里日常生活的一部分。他随手向山丘上指去，那里的动物正在吃草。如今，接管农场事务的是阿德盖尔的儿子，他用英文告诉我，自己从小就知道那块岩石："但说真的，我也只是听说而已。"

我和他们之间的对话使我不禁想起美国诗人詹姆斯·泰特的作品《看不见的短吻鳄》(*The Invisible Alligators*)。诗中，一男一女进行了一段似是而非的对话，讨论的是男人所没有的鳄鱼。他们的对话既荒诞又深情。"短吻鳄"在整首诗中指的是一种看不见的存在以及古怪的同伴。当男人说"只有我没有短吻鳄"时，他实际上想说的是自己不被他人理解。泰特的诗读来常使人有云里雾里之感，充斥着日常生活的复杂琐事，以及这些琐事所伴随的趣味和美。现在，我在从冰岛当地人口中听故事时，似乎也像在读泰特的诗一样，平静地接受了古怪又难以理解的登场人物。

当冰岛人想让"小精灵"换个地方居住时，必然得抱有尊敬与约束的态度。如今，冰岛东部沿海村庄布雷达尔斯维克（Breiddalsvík）中存放着一块重约 10 吨的"力量之石"，是由当地某酒店老板从附近的一道峡谷中移来的。当时，这位自称有通灵能力的老板请住在"力量之石"附近的"小精灵"允许他搬走这块石头，以供人们在一场"强人竞赛"中使用。显然，"小精灵"们同意了，条件是只能使用这块石头所具有的疗愈能力。据说，最终用来转移这块巨石的交通工具包括闪电风暴、幻影幽灵以及忽隐忽现的烛光。这则故事乍听之下未免诡异，但当地人倒是接受得很好。现在，这块巨石俨然成了布雷达尔斯维克的地标。它坐落于村庄中央，旁边是一张野餐桌，供游客坐下小憩。巨石上挂着一块小标识牌，请来访者触摸这块石头，以获得神奇的疗愈效果。

当然，我也不例外地触碰了这块石头。在天体物理学领域，"不可见"这个词有时候会被赋予与占位符相同的意义，用以代替一切未被探明的知识。物理学家们知道，信息就在那里，只是人们暂时还无法参透，所以只能从旁以间接的方式加以试探[2]。例如，暗能量就是"不可见"的，暗物质也可以说是"不可见"的，因为它既不能吸收光，也不能放射光。没有任何有意义的类比来让天体物理学家解释宇宙膨胀的方式，更无从形容宇宙边界的样子，在这方面我们还没有明确的信息。因此，它们仍然是未知事物的占位符，吸引着科学家们环绕周围进行思考与探索。在"不可见"的世界里，人类的想象力至今还没能找到一条明晰的路径。所以我们才会用巨型岩石、惰性的熔岩、地面上的裂缝抑或某些黑暗的空间与物体来为暂时未知的事物腾出空间，然后任凭想象力在这里驰骋。或许正因如此，我至今仍会在大衣口袋里装上一块直径不及1英寸的小小圆形黑色火山岩。我在布雷达尔斯维克附近的一片海滩上拾到它，作为对自己一知半解的某种知识的纪念。于我而言，它就是一种暗物质。

离开布雷达尔斯维克几天后，我发现自己来到了巴克卡格迪（Bakkagerdi）的渔村。它位于冰岛东部博加福约杜尔峡湾（Borgarfjördur）的偏远地带，居民靠捕鱼和放羊为生。在这里，宝石被定期从地底下采掘出来，村里的礼品店里总是摆着一箱箱碧玉、玛瑙和其他各种各样的石英。但真正让这座村庄声名远播的也是当地关于"小精灵"的传说。相传，村庄边缘有座小小的白色农场，里面住着一名能够通灵的女性。她既生存在普通人类之间，又自如地穿梭于"看不见的人群"之中。

根据当地民间传说叙述，她在这两个截然不同的群体里同时从事着对人们的日常生活与婚姻的调解工作。

从其他一些传说来看，我们不难从中推测出当地居民与"小精灵"共生共息的经济活动状态，有形与无形的世界之间也存在着物品与服务的交换。例如，"小精灵"保佑当地人民安然度过一场暴风雪，居民则用一罐酪乳或一头上好的母羊作为回报。在险象环生、资源不平衡的严酷环境中，"平等共处"是永恒的主题。贡内利教授在谈及这类北欧国家的民间传说时，认为这些传说强调了如下内容：

> 人们常常忘了一件事，那便是住在乡村的人总是在生与死的边缘线上挣扎。乡民们深知世事无常，有些东西可能会从无到有，也很容易回归到原本的状态。对他们而言，世界是一个存在与虚无、有形和无形兼而有之的复杂之地。尽管如此，却几乎没有什么政府文件会反映出这种情况[3]。

从巴克卡格迪中心地区折返，会见到一块露出地面的岩石，当地人称之为"精灵岩"（Álfaborg）。许多当地人认为，这就是"小精灵"们及其女王"博尔吉德"（Borghildur）的家乡。我沿着一条长满野生毛茛、天竺葵、百里香和苔藓的小径爬上"精灵岩"的顶端。岩层的抬升高度不大，不到五六十英尺，可以让游客感到自身处于一个特别的位置，但这种感觉也算不上十分强烈。东边是海港的边缘，北部和南部坐落着高耸的雪山。在"精灵岩"上，人可以感受到自身与大自然产生了密切的联结，也会感觉自己超然于世界，仿佛断开了与世界的关联。据说这里住着一群看不见的小人儿，不管是真是假，总能使人内心涌起一股亲昵感。"精灵岩"在这片小峡谷中所处的位置以及它微微抬升的海拔共同营造出一种舒适感，夹杂着秩序、和谐与归属感。由此，我想不难理解为什么它在当地居民的心目中占据着堪称核心的地位。

凯尔特人的传统观念认为，地球表面存在一些"纤薄之处"。坊间传说，天堂与人间仅仅相距3英尺，但在这样的边缘地带，天与地的分界线甚至还要更加接近。"纤薄之处"被认为是世俗与精神交叠的区域，无形与可见的世界在此融为一体[4]。它既可以是一座山或一条河，也可是某种地理意义上的轴线，还可以是一片山地、岩区或水域，甚至是河流的一道波纹或地上的一道沟壑。但无论如何，它们都具有提高人类精神境界的作用。因此，"纤薄之处"可能会成为寺庙、修道院或神殿的所在地，也有可能只是冰河上的积雪、日光昏暗的天空或是意料之外的交谈。"纤薄之处"指的不仅是地理意义上的特征，还包括这些地理区位使人们因为空间的转换而重新获得心灵安宁的过程。从这种意义上讲，这座由山脉东面的海港包围着的小石城，似乎正是这样的"纤薄之处"。

距离"精灵岩"不远处有一座小山丘，那里有一块巨型火山岩，周围被许多较小的岩石环绕。根据当地的民俗传说，这块区域是"小精灵"来到人间的岔路口。当天下午的晚些时候，我见到了村庄里的一位教师。她告诉我，她时不时就会带自己的学生去往那个"岔路口"，语气中流露出一股务实主义精神。她在我的地图上圈圈画画，勾勒出那条路的轨迹。"天晓得，"她耸耸肩说，"我们看不见的东西可多着呢！"

英国作家 A.S. 拜厄特（A. S. Byatt）在她的短篇小说《石女》（*A Stone Woman*）中将这种归属感发挥到了极致。故事讲述了一个人与石头的细胞相融合的奇幻故事。小说的女主人公因为母亲离世而悲伤过度，随之发现自己的身体开始硬化，大块大块的表皮、肌肉和骨头变成绿中泛白的晶体。她的身体开始覆满玄武岩、火蛋白石、黑蛋白石、深蓝色长石、雪花石和硅石的碎片。慢慢地，她的身体成了一座花园，蝴蝶、蚂蚁等昆虫都被她吸引而来。"我觉得你成了一个异类。"一个男人这样告诉她。最后，她发现自己成了一个凭自身矿物发光的实体，走向了被世界吸纳的宿命。这篇小说以一种超现实的笔触捕捉到了人类与环境和谐统一的方式，它告诉我们，人类与自然间的亲缘关系可以是一个动觉的过程，人与环境可以因互动变得亲近，人类也可以对自然现象产生感情。

在冰岛的旅行者大可对"小精灵"的传说一笑置之，甚至嗤之以鼻，认为它们不过是上古文化流传至今的无稽之谈。事实上，许多冰岛人也是这么想的。然而，这里确实有一些持久又普遍的事情正在发生。在我畅游冰岛这个"隐形之国"的几个星期里，《宝可梦GO》(*Pokémon GO*)这款手机游戏已经征服了整个美国。我不禁想，这款极具创新性的游戏与我在冰岛北部的见闻之间存在某些共通之处。直到现在，住在边远乡村地区的冰岛人仍然会向"精灵女王"以及与"小精灵"共栖于岩石中的侏儒们寻求庇佑。但是当那些热衷于《宝可梦GO》的孩子捧着手机在美国城市的大街小巷游荡，试图在虚拟世界中捕捉各种各样的"宝可梦"时，他们也会不自觉地与冰岛信徒体会到一种相似的体验——他们都在真实世界中追逐着虚拟的生物。同样，这些角色也体现出了某种地域性特征。尽管它们或许只是为娱乐和商业用途而被严格构建的流行文化产物，但在对"独角虫""小哥达"和"卡比兽"之类的虚拟角色的不断追逐中，孩子们也以自身的努力协调着现实与虚拟两个世界。

如果说《宝可梦GO》只是数码世界在现实世界上的叠加，那么也可以说隐藏在冰岛的"看不见的世界"则是一种更为深刻的信仰体系。然而，当虚拟人格加诸现实世界中时，《宝可梦GO》和冰岛"小精灵"的世界都代表着随之而来的种种可能性、挑战性与趣味性。这两者都意识到自己是如何使现实世界变得更加生动有趣，也都力邀我们利用想象力去切身参与它们所展现的另一个世界。它们让我们暂时搁置对虚拟人格的疑虑，将注意力更多地投入物理世界当中，还时刻准备在无比真实的环境中安放那些在虚拟中被发明出来的生物。它们使用着同一套由地貌、地标和物体共同组成的语言，它们似乎也都认识到看不见的事物未必是超自然未解之谜，而是关乎人类的普通好奇心、创造力和不确定性。无论是《宝可梦 GO》还是冰岛的"小精灵"都善于利用人类乐于借助想象力与世界接触的倾向，而这种倾向适用于世界上的任何一个人。

《宝可梦 GO》只是虚拟世界与真实世界相碰撞的一种方式，还有其他一些混合式的体验则更能发人深省。目前市面上已经出现了一些所谓的"休闲游戏"，它们不以竞争为目的，也不要求玩家争分夺秒，反而允许玩家在虚拟世界中安静地打发时间，做些更平常的事情。《花园》（Flower Garden）就是这样一款休闲游戏。游戏只要求玩家在一座虚拟花园中静静地培育花朵，从挑选种子开始，播种，然后浇水，其间还得注意把花盆移到光照充足的环境中，最后选出喜欢的花，做成花束送给朋友。还有《口袋池塘》（Pocket Pond），玩家可以在自己的虚拟后院中建造一座池塘，再选出喜欢的鲤鱼投放在里面。整个游戏没有时限、没有追逐、没有竞赛，最多涉及一些简单的选择问题，比如让玩家纠结一下，究竟是该在水塘里养一只棕色的水鸭还是种上一棵红色的观赏水草。在这个世界里，玩家要做的就是把鱼苗放进池塘，喂鱼，养鱼，欣赏鱼吐出的泡泡在水面上撞出的阵阵涟漪，仅此而已。

随着我们逐步迈进数字时代，虚拟世界与现实世界的交叠留给我们的课题有增无减。斯坦福大学"虚拟人类交互实验室"（Virtual Human Interaction Lab）的主管、副教授杰里米·拜伦森（Jeremy Bailenson）探究的正是虚拟现实的社会效益。

这个实验室的任务旨在探明人类在虚拟现实环境中的反应，包括在虚拟世界中人类如何感知自己以及如何与他人进行互动。同时，他们也致力于探索这种与虚拟世界的交互行为如何能使人类行为本身获益。在他的实验室里，前来参观的人可以戴上虚拟现实专用眼镜，不仅能借此机会体验一把暂时脱离现实世界的快感，还能体验与另一个世界、另一种人格完全交融的独特感觉。例如，一次探访濒危珊瑚礁的虚拟之旅能提高人们对环境破坏问题的敏感性。再如，一些参与者戴上虚拟现实眼镜后，可以看到自己的虚拟化身，将自己以不同的年龄、种族或性别的形象表现出来。当另一个虚拟化身以不友善的方式对待自己的化身时，参与者发现他们对歧视问题的敏感度明显增强了。正如拜伦森所言："你可以变成 70 岁、其他种族或不同性别的人，你必须穿上他的鞋子走他走过的路，站在他的角度体验他所承受的不公平待遇……我认为自己的工作是利用虚拟现实技术告诉人们如何互相喜欢，接受他人的观点，理解其他的文化并了解我们所处的环境[5]。"

同样，DeepStream VR 是美国西雅图的一家初创公司，致力于探索虚拟现实技术在医疗保健领域——尤其是在减压、镇痛和康复方面的应用。核磁共振扫描结果显示，与生物反馈仪器联用的虚拟现实项目可暂时分散人类对现实世界带来的焦虑感的过分注意，进而有效减轻患者的痛苦。该公司自主研发的"COOL！"项目使患者戴上虚拟现实眼镜后即可选择美好的田园景致，有时景色中还会出现许多赏心悦目的动植物，能够吸引患者的注意力。此时，患者暂时不再过多地关注外界对自身的看法，而是全身心地投入虚拟眼镜营造的世界。洞穴、溪流、日出、用雪堆成的拱门和水獭——它们构成的想象世界使患者能够更好地应对自己感受到的痛苦。

随着虚拟现实技术越来越多地走出实验室，它在日常生活中的应用潜力也在不断增长。同时，鉴于城市正变得越来越拥挤，城市规划者已着手开发智能手机应用与配套设备，以更好地帮助现代城市的居民乘坐交通工具、进行日常沟通以及获得和处理其他各类信息。这样看来，虚拟现实对市民生活条件的提升作用其实与已经沿袭几世纪的冰岛文化相去不远。无论是应对喷发的火山、漫长的寒冬、频发的地震，还是拥挤的居住环境、极端天气和环境污染，幻想中的地貌、物体或人格对人类来说都十分受用。这时，人类也开始意识到，我们都只是这个无序宇宙中的匆匆过客而已。

冰岛人对"小精灵"的信仰建立在想象力的基础之上，包含着恒久忍耐的爱，在一定程度上敢于展现出人类的脆弱。"小精灵"们居住的坚硬岩石，还有传说中寄居在它们体内的昙花一现的灵魂，两者的同时存在不仅毫无突兀矛盾，反而成了某种事实与想象的有力结合。人类都愿意不时栖居于另一个世界中，无论是正在虚拟池塘里放置鱼苗的纽约艺术家，还是与虚拟冰洞里的一只水獭玩耍以此抑制慢性疼痛的退役军人，其实都和那个与石穴里的"看不见的小朋友"玩耍的小女孩或是在家中农场后面的小山丘上遇到蓝衣女子的 12 岁男孩没什么不同。我几乎可以肯定，那位老牧羊人不会把他的经历视作对虚拟现实的体验。这样的一小段经历，会永远留在那个男孩的心间。

第十一章　奇观的力量

你的自我越小，你人生的广度就越大。

你会发现自己的头顶上方是一片更自由的天空，而你，正站在一条满是奇妙陌生人的街道上。

——吉尔伯特·基思·切斯特顿（G. K. Chesterton）

虚拟现实为用户创造出一个沉浸式的计算机模拟世界，而"增强现实"则将数字内容叠加于现实世界之上，以更加难以捉摸的方式实现了虚拟与现实的结合。尽管人们普遍认为 AR 是一种重构现实世界的手段，但在纽约大学坦登工程学院"移动 AR 实验室"主任、艺术家马克·斯克瓦雷克（Mark Skwarek）看来，AR 更多的是一种解构人类日常熟悉的事物的工具。说得更直白一些，"解构"的本质就是"消除"。因为对数字化体验在现实世界中的应用方式感兴趣，斯克瓦雷克及其团队研发出了一款名为"erasAR"的现实物体消除软件。利用该项技术，斯克瓦雷克已成功地将自由女神像抬离了她的地基，将纽约市高楼大厦的天际线进行了重新布置，还对弗吉尼亚州的矿山资源进行了恢复。他表示，在移动设备中安装了这项技术的用户，实际上就相当于拥有了一副重新看待现实世界的数字眼镜。

借助这个项目，斯克瓦雷克希望能使人在进入一番新天地的同时，个人经历也随之得到更新。处于对这种可能性对社会和政治所造成的影响的兴趣，更因为对投身于推进社会公正的渴望，具有 3D 立体拼贴效果的手机应用程序"erasAR"横空出世了。在此基础上，斯克瓦雷克及其团队进行了名叫"南北韩统一"的 AR 项目实验，计划利用虚拟技术消除韩国与朝鲜之间的军事管制区，并将其恢复为原始自然景观。所有的警卫、防御工事及军事设备、堡垒和哨点全部被以数字化的形式"消除"，且允许用户通过电子设备的屏幕观看韩国与朝鲜"统一"之后的和谐面貌。而且，这个实验还为用户摒除了其他干扰，使他们能够纯粹地欣赏这块地区的自然风光的秀美壮丽。

为了如实记录这块区域的地貌，斯克瓦雷克一步一步地走完了整个军事管制区。他说，南北韩两座山脉间有条郁郁葱葱的大峡谷，其广阔与恢宏程度完全不亚于科罗拉多大峡谷。但他也表示，真正让他动容的不只那里的自然风光，还有他在当地感受到的情感冲击。"当地人会给前往那里的客人播放记录人们被残忍杀害的场景的影像。在那里，穿拖鞋是不被允许的。拍照可以，但是拍视频不行。"他说。这个项目的初衷是消除战争的伤疤，让年轻一代能够设想一个统一的南北韩，也让人体验一下从军事管制区的一头走到另一头的感觉。斯克瓦雷克希望这种沉浸式的数字化体验不仅能提供一种视觉效果，还能使人在"分裂与统一"方面建立更深刻的情感联系。在另一个类似的项目中，斯克瓦雷克"打穿"（其实就是拆除）了以色列和巴勒斯坦在加沙地带的隔离墙，让墙上有了个虚拟的大洞，透过它可以看到对面成排的橄榄树。"一些当地人从未见过墙那边的景色。"斯克瓦雷克说，"等他们看到时，每个人都又惊又喜[1]。"在他看来，诸如此类的 AR 应用项目能重新构建我们对现实世界的理解。

斯克瓦雷克近期开展的项目名叫"开放式远程交互平台"（Open Telepresence），是一种类似于 3D 版 Skype 的开源工具。这款工具在消除障碍方面做了更全面的努力，与"谷歌探戈"（Google Tango）的设计初衷在一定程度上不谋而合。"谷歌探戈"是谷歌公司为移动设备端开发的 AR 平台，用于室内导航、环境识别、3D 地图绘制及其他形式的虚拟空间测量。斯克瓦雷克所开发的平台同时运用了 3D 动态追踪技术和深度传感器，允许装有该平台的移动设备随着用户的位置移动追踪空间路径，以此吸引更多的用户。斯克瓦雷克将其描述为一种"嵌入式体验"，即用户可以与身处远方的朋友共享相同的空间。当用户将房间的 3D 视频上传后，其他用户即可在另外的移动设备上观看，从而实时进入这个虚拟空间。斯克瓦雷克表示，基于该平台的互动性，未来有望吸引更广泛的用户群加入。

这类 3D 网络通信技术的应用前景十分广阔，从室内导航、地形测绘到在小范围内传递复杂但实用的信息（如修理摩托车的方法），再到大规模的实时危机干预——例如，即便卫生专家位于世界的另一头，也能给予某个灾难现场一线抢险人员实时指导——无所不能。在斯克瓦雷克看来，这项技术从本质上允许用户进行"分身"，即在某个时间点同时出现在不同的地点。此外，该技术还能使专业技术知识在更大范围内进行传播、分享。斯克瓦雷克的终极目标是让用户戴上一副轻巧的 AR 眼镜即可用借助视频技术得到在现实世界叠加虚拟数字信息的全新体验，由此获得更广的视野范围，切身体验到自己与周遭世界之间建立的更为深刻的联结。然而，目前的头戴式 AR 设备过于笨重、夸张，不可避免地割裂着用户与环境之间的联系，影响使用体验。斯克瓦雷克将这个项目设想为一个可建立即时并持续的联系的平台。他表示，如今的城市人口稠密、拥挤不堪，墙体的拆除有望使城市环境变得更加宜居。"空间打开了，人们的视线可以穿透建筑物，对空间的感观也会发生根本性的改变。"

斯克瓦雷克的工作室就在纽约市布鲁克林区，但我个人对它的了解还十分有限。当时，我和他站在他那间小工作室外面的过道里，一起朝着里面的助理陈遥（音译）挥手致意。我们和陈遥之间隔着一堵墙，可是在我们看向斯克瓦雷克笔记本电脑的屏幕时，那堵墙已经消失了，我们简直和陈遥共处一室。不过，数字信号有些不平均，画面上一些像素的颜色比另外的更清晰。但无论如何，这都称得上一个大型互联系统的早期模型。斯克瓦雷克设想，在未来的某天，我们每个人都会配备这样的 AR 设备。这些设备可以相互联通,那时,整个世界都会以虚拟的形式被复制到我们眼前。用这种方式到伊拉克去一次,他建议道,我们就能设身处地了解当地人的生活方式,甚至切身体会到他们所承受的创伤和痛苦。或者,我们前往叙利亚,也许这趟旅程会让我们对难民危机产生不同的理解。"但现在,我也希望能看到夏威夷的滔天巨浪冲进我的办公室。"斯克瓦雷克沉思道,"我还想把自己家里的餐桌贴着墙摆设,然后让那面墙消失。我会让我的妹妹也坐在她家的餐桌旁,等到两堵墙都不见了,我们就可以围坐着同一张餐桌共进晚餐。"或许,斯克瓦雷克最期待的,就是与他人分享各种惊奇体验了吧。

但斯克瓦雷克也大方地承认,自己的作品在本质上存在某种悖论:墙体的消失使某个东西变得更不容易被看见,而另一个物体却又变得更显眼,实现这个过程需要的视频源有增无减。任何能够消除障碍的技术,从垃圾邮件到视频监控,都能派得上用场,甚至存在被误用的可能性。尽管斯克瓦雷克意识到这存在侵犯用户隐私的潜在可能,却坚持投身于这个项目,他本人对这个项目的承诺根植于对"创造一种体验,使人们对社会生活的感知更加敏锐"的信仰。他坚信,这个项目是能够进一步促进人类之间相互沟通的得力工具。

无论斯克瓦雷克对自己的事业前景多么乐观,我们都不难从中察觉到某种永恒存在的东西,那便是"联结"与"惊奇感"之间的联系。无论是拆除朝鲜边境的防御工事,还是将自己工作室的小格间打通，斯克瓦雷克在 AR 领域的探索都是人类在物理空间中对个人存在不断进行构建、解构又重构的尝试。从终极意义上讲，人类通过 AR 体验获得的惊奇感，将使"隐形"的状态发挥出最大的价值。

"隐形"可以是凭空消失，也可以是藏而不现；可以是以戏法般的手法迷惑双眼，影响视觉判断力，也可以是将物品本身变得渺小，直到不可见的程度。这正是美国加利福尼亚大学欧文分校心理学与社会行为学教授保罗·K. 皮夫（Paul K. Piff）的研究领域。作为敬畏心理学研究的领军人物之一，皮夫教授的研究对象之一就是夜空。夜空中充满令人惊叹的奇观，每个人只要仰望便能得见。或许我们没有机会见到海洋、巨树，或是科罗拉多大峡谷，他说，但至少大家都能仰望夜空，想象人类在宇宙中的位置[2]。无论一个人的背景或教育程度如何，夜空总有塑造人类意识、培养具有变革性的人类体验的力量。不过，皮夫教授的研究可不止于此，他将"敬畏"这种感情与人类行为准则联系起来，他的研究结果使他相信"敬畏"能使人产生一种无私感，这种超越人类种族与背景差异的超然体验将我们引领向一个足以超越自我的领域，使我们由自私变得更加博爱。

在最近的一项研究中，皮夫教授及其团队让受试者待在一片平均树高超过 200 英尺的塔斯马尼亚桉树林里，它们是目前北美已知最高的硬质树。一组受试者被要求盯着桉树看 1 分钟，而另一组受试者需要将视线停留在附近的高楼大厦上。接下来，两组受试者均被问及自己有何情绪感受，选项包括惊奇、愤怒、敬畏、厌恶、恐惧、悲伤和开心。不出所料，注视着桉树的受试者中感受到敬畏的人比另一组中出现得更多。但研究结果还显示，那些感到敬畏的受试者同时产生了其他感受，他们感受到了自己的渺小，不再那么以自我为中心，内心变得更加慷慨大方。

当一个人在自然环境中感觉自我变得渺小，随之而来的敬畏与惊奇感也能促使这个人在行为上变得更加慷慨和亲善。皮夫在研究报告中写道："我们的研究表明，即使只是在高大壮丽的树林间短暂地体验敬畏感，也能使人们少一些自私自利和自以为是，更适应，也更愿意融入全人类的大家庭中[3]。在日常社会生活中，我们努力谋求着自私自利与关怀他人之间的平衡。但哪怕是转瞬即逝的敬畏体验，也能使我们从集体的角度重新定义自我，引导我们向周围那些有需要的人做出关怀行为。"皮夫教授著有大量文章，以探讨敬畏感对宗教信仰、艺术、自然、音乐及政治活动所起到的核心作用。在所有这些领域中，人与人的共同参与都有助于形成"一种对集体身份的敏锐认同感"。在降低个人自我意识的同时，敬畏感也使我们在某种意义更宽广的人类集体中找到归属感，让我们在思考问题时将参照物由自我转向群体。

我曾有一次近距离感受到敬畏的力量。那天清晨，我在新罕布什尔州一片宽阔的湖里游泳。当时已值夏季的尾声，留给我在户外水域游泳的时间所剩无几。就在我在这片宽广又幽深的湖中不停地划着水时，我试图潜入水中，尽可能长时间地屏住呼吸，把头埋在湖面下，为把享受水的感觉带到即将来临的凉爽季节而做着徒劳的努力。当我浮出水面时，听到了一个恍如来自天外的声音，它介于笑声与哀叹之间，仿佛一声奇异的呼唤。我定睛一看，距我几米远的地方有只潜鸟，羽毛非常漂亮，如同棋盘似的黑白相间。它时而浮在水面，时而将头潜入水下。这种鸟能一口气潜水 1 分多钟，倘若从岸边看它的话，你永远不知道它会在何时何地重新浮出水面。如果把这片湖水比作屋檐，那么此刻的我就成了与它在同一屋檐下共同呼吸的友邻。有那么一瞬间，我感受到了自身存在的不确定性，甚至恍然间觉得自己可能并不真正存在。尽管如此，或可能正因如此，这一瞬间的感受竟使我短暂地与某种更宏大的秩序感联结在一起。

这足以使我吃惊地意识到，自己正经历着某种自发的情感共鸣：水的质感、夏末空气的触感和这只发出怪叫的野生潜鸟和谐地共同存在着。但在此之上，我感到自己成了某种更为宏大的事物的一分子，并由此萌生了一种诞生于人类与野生动物之间的亲密感。"我"明明在那里，"自我"却好像消失了。我不能标榜自己变得更加无私、友善和慷慨，却愿意认为这种向大自然臣服的归属感此后会一直与我同在，并改变我对自己与地球间的关系的看法。皮夫教授认为，敬畏感能"引发一种近似隐喻的自我渺小感[4]"。这种自我的消弭感不仅是他在研究中反复论及的对象，无疑还是我在 8 月那个清晨的切身经历。当时的我的确在那里，却也在同一时刻消失了。

皮夫教授经常写到"小我"的话题，即人类在宏大事物面前发自内心地感到自我的渺小。可问题是，到底是自然奇观让我们感觉渺小，还是我们得先放低自我，才能拥有对自然奇观的敬畏之心呢？这个问题暂时无解。那个8月的清晨，我确定自己感受到了自我的渺小，也由此体会到，自我就像一个复杂的数学公式，其值能随着外界环境的变化而变大或变小。我们日常感知着物理世界，在人生的漫漫长路上，出于原始本能，用周遭事物来评估自身与周围事物的关系——人、房子、石头、植物还有云。我们对自身的评价维度通常也是我们衡量客观事物的基础，例如，我们有多强壮的体格、腰包里有多少钱，都是美国物理学家艾伦·莱特曼所称的"我们向世界展示的第一张名片[5]"。但一个人要想突破日常体验的边界，必然得时不时地打破以物质衡量一切的思维定式。或许，正如美国哲学家雅各布·尼德曼（Jacob Needleman）所言，当一个人主动打破习以为常的心理与情感状态时，就会发生所谓的"神圣的消除"，并从此走上自由之路[6]。

从古至今，承认并敬畏看不见的事物一直是人类信仰实践的核心内容。正是因为相信自己和宇宙间存在某种比我们在日常世界中经历的更深刻的联结，人类才持续追寻着人生的意义。在这种求索的过程中，最核心的是一种将存在本身去物质化的过程。为了寻求人生的意义，我们必然会在此过程中直面自身的渺小。19世纪的美国哲学家、心理学家威廉·詹姆斯（William James）在其题为《看不见的现实》（*The Reality of the Unseen*）的演讲中提到，他发现"在人类的心理机制中存在一种当下的现实感，比我们某些特殊的感知更加弥散、笼统"，这种信念似乎是人类在对形而上学进行探索时确立的。詹姆斯认为，精神信仰的根基就是一种对"无形秩序"的普遍认同，我们人性中的"善"会调整自我，使我们适应这其中蕴含着同一性的思想。至于我们为什么需要重新看待"无形事物"的作用，或许是因为只有当人们承认这世间存在某些不可知也不可见的事物时，才会出现詹姆斯所称的"人类本体论想象"。

2017 年 8 月 21 日，这种想象正好得到了充分的发挥。当天，70 公里宽的日全食带横穿美国大陆，引发了一场美国民众的集体狂欢。许许多多的人在同一时间内观测到了这一奇观，也感受到了这个奇观带来的心灵冲击。举国欢庆的现象似乎不仅表明人们接受了未知力量的存在，还展现出民众对黑暗的翘首以待，一切皆是人类甘愿臣服于宇宙原始秩序的本性使然。或许，全民狂欢还提醒我们周围存在着未知的力量——占据了宇宙很大一部分的暗能量与暗物质。或许，这是源于人类对模糊性的基本需求，而近年来这种需求却一直没能得到人们的真正认识。事实上，这场狂欢的发生可能还因为人们承认阴暗世界有种审慎之美，足以使它替代我们习惯的光明世界。

还有一种可能是，人类毕竟至今都没能发明真正的"隐形斗篷"。无论是变换光学、隐形斗篷还是 AR 头戴设备，都使我们对看不见的事物产生了一种矛盾的感情：它们不可见，却客观存在着。尽管这些先进的视觉设备操作起来都不怎么亲民，甚至还会偶尔失效，却能使我们更多地体会到一种视觉上的静默存在，也使我们认识到，我们也许并非真正地"隐形"，而只是简单地被周围的世界吸纳、同化了。难怪 2017 年《纽约时报》制定了自己的天文年历，用户只要将其下载至移动设备上进行同步，便可追踪流星雨、日食、超级月亮、彗星以及昼夜平分点的实时信息。人类似乎天生就渴望在更宏大的事物中追踪自身所处的位置。但要说最吸引我的技术，莫过于我在某些现代建筑上见过的一种窗户玻璃。这些玻璃看上去与普通的透明玻璃没什么两样，但表面其实覆盖着一层有着独特纹理的紫外线吸收膜。这是一种反射涂层，可以被空中的鸟儿看见，避免在飞行过程中撞上大楼窗户。据制造商介绍，反射膜上的纹理类似于视觉噪声，但当我从某个特定角度使劲眯着眼看它时，膜上的交叉纹路突然变得清晰可见，像一条精致的蕾丝花边。

我想，上天或许也给人类设计了某种类似反射膜的难以察觉的机制，让我们不至于一头撞上暂时无法辨明的模糊物体。这种隐秘的设计不断地提醒着我们，95% 的世界都不在人类的视野范围之内，若想看得更多，或许需要我们顺着某一道光线沿着特定的角度看过去才行。这可能正是已故美国诗人马克·斯特兰德在其生前最后一部著作《近乎隐形》（*Almost Invisible*）中所指的事物。他在这部作品中预见了一次华丽之旅，即"日夜兼程，进入未知世界，直到我忘了过去的自己；新的自我应运而生，但它亦可能早已存在，只是我在之前的旅行中未加留心；只第一步，就已让我超越了自我"。斯特兰德只觉全身无力。他躺在床上，动弹不得，只能盯着天花板，直到自己"突然感到一阵冷空气袭来，整个人就这样消失了"。

我想，斯特兰德谈论的是某种深度自省的方式，是一个人完全自主的谨慎行为。从当前状态中抽离出来就像一整套语言，其中特异的词汇、结构和句法只能经由实际运用才能掌握。《近乎隐形》出版后，有位记者向斯特兰德提问道："几天前您还半开玩笑地称自己'一直在努力让自己隐形'。这是因为马克·斯特兰德这个人实在太过引人注目，或者恰恰是因为他不那么显眼？"斯特兰德答道："你可以把它理解成一个高个子想变矮的心愿……不行，我这么说太简略了。随着年龄的增长，你会变得越来越置身事外，觉得世界没了你也能照常运转。不过，我倒觉得这样也挺好的[7]。"

我个人也觉得这样挺好的。我让自己置身事外，发现自己的心理素质反而变强了。或许，这个过程仅仅是个体特质与集体认同之间再平常不过的摩擦。我们终其一生都在学习如何简单地做自己。我们一直试图了解自己，不是出于某种自恋的冲动，而是因为我们知道，自我认识与自我意识必然能给予我们一种自我认同感，也正因如此，我们才能开拓出一条通往充实而慷慨的人生的康庄大道。无论是说着"我在这里""我看见你了"或是"我爱你"，还是在最大限度上忠诚地做着自己，都能够使我们尽可能地体验生活，让我们得以全身心地投入热爱的事业、孩子和所爱的人身上。

然而，我依然震惊地发现，那些对我们影响最深刻的经历往往与一种心理上的渺小感有关。最能使人与人之间产生联结感的莫过于接受这样一种现实：如果把世界比作一种天气，那么我们每个人都不过是其中的一小团雾而已。最好的自己，正是皮夫教授所称的那种"小我"。我们越渺小，与他人之间的联结感就越强，人性的光辉也自然能得到升华。这种感觉就好像是我们若想得到什么，就得先失去什么。或许，在防不胜防、持续曝光的环境中，一个人要想生存下来，必备的能力之一就是学会消失。

时至今日，我越来越相信，学习如何消失是我们了解自己是谁的必经之路。这既要求我们知道何时应全然地活在当下，又得明白何时该选择暂时消失。正因如此，我才提倡所谓的"选择性隐身"。回想过去，在某些于我而言意义重大的人生事件中，让自己"消失"几乎总是我的不二之选。比如，那年6月，当我与未来的丈夫相恋时，我就允许了自己沦陷。那个2月的下午，双胞胎儿子的降生带来的巨大喜悦使我忘了自己。还有那个在哈德逊河游泳的清晨，灰色的河水以及水面上的粼粼波光竟以最美妙的方式让我与自然融为一体。那天之后，我养成了习惯，一连数月甚至数年在不同的河里游泳。我既没有戴着"魔戒"，也不会像菲律宾的摩洛人那样含着被萨满巫师施过法的鹅卵石，更不懂神经科学家在试验中使用的是什么样的颜料刷或是最新开发出的虚拟现实眼镜应怎样操作，但我的身体已然成了一具空壳，整个人几乎已经消失了。

现在一谈到"看不见的状态"，我的脑海中便自动浮现出一幅幅生动的图像：利用光学原理达到效果的"罗切斯特斗篷"、冰岛古书中记载的魔法符号、蒂姆·邓肯在"Old Navy"门店里排队等候结账的场景、沃汝莎卡的头在一片冬天的沙滩上用颜料被涂成岩石的样子、澄澈的深海里的透明鱼，还有一袭蓝裙的冰岛神秘女子。我尤其钟爱中国艺术家赵华森的一组人像摄影作品，捕捉的都是在上海街头人们骑车时的场景。尽管他们的自行车都被艺术家本人用数字技术予以消除，但他们的脚还停留在踏板上，双手扶在把手上，目视着前方，仿佛被某种不知名的力量引领向前。在其中一幅摄影作品中，一个小朋友坐在自行车后座上，双手环着正在蹬车的爸爸的腰。在另一幅作品中，后座上的女性偎依在前方爱人的后背上。看着自行车在路面上投下的阴影，人与人之间的关系在变得"隐形"之后仿佛也富于动感，看不见的世界让我们的生活充满了活力。

我曾参观一个关于地理奇观的展览，展厅导语提及了存在于"已知"与"未知"之间的空间概念。但在我看来，在这里，"可见"与"不可见"之间的界限也在起着作用。某个大风天，展览背后的那位美国艺术家霍普·金斯伯格（Hope Ginsburg）用镜头记录下了自己和其他三位潜水员在亚特兰大北部海岸的经历。在灰蒙蒙的天空下，他们坐在芬迪湾的海边，无惧47—53英尺的汹涌海浪。这个被金斯伯格称为"陆地潜水队"的小团体就那样静静地坐在海边，把水肺、脚蹼和呼吸面具都放在岸边，看着浪潮涌来，不断地冲刷着岩石和沙滩。这段视频记录了浪潮是如何在"潜水队"周围卷起，淹没了他们的腿、躯干、肩膀和头。在一个特写镜头中，金斯伯格戴着鲜红色的护目镜，头上裹着海藻，看起来像极了一只杂交生物。影片末尾，观众可见的就只剩下滚滚袭来的海浪、漂浮在波浪起伏的海面上的落叶以及一些从海面下涌出的气泡——那正是戴着水肺和呼吸器的"潜水队"[8]存在的证明。

爱尔兰诗人、牧师及哲学家约翰·奥多诺霍（John O'Donohue）曾说："我思考得越深入，就越觉得其实有形世界只是无形世界的第一道海岸线，我对身体与灵魂的信仰也是如此。事实上，灵魂——身体存在于灵魂之中，而非灵魂仅仅存在于身体之中。从某种意义上说，生而为人的伤感之处就在于，你的身体就是无形化作有形的载体[9]。"

可以说，我们每个人都是某支"陆地潜水队"的队员，在那条海岸线上，所有人都在静静地感受着"看得见"与"看不见"的海浪，任凭它们不断地冲刷着我们。这是人类不可避免的命运。

注释

引言 ·

1 "重要性并不亚于传统的有形建筑材料": Avinash Rajagopal, "Three Forms of Invisible Architecture," *Metropolis*, November 2014.

2 "然后唱起一系列的歌来": Ioannis Marathakis, "From the Ring of Gyges to the Black Cat Bone: A Historical Survey of the Invisibility Spells," Hermetics Resource Site, 2007, www.hermetics.org/Invisibilitas.html.

3 "一件衬衣、一把剑、一面镜子和一颗动物的心脏": Wendy Doniger, "Invisibility and Sexual Violence in Indo-European Mythology," 出自 "Invisibility: The Power of an Idea," ed. Arien Mack, special issue, *Social Research: An International Quarterly* 83, no. 4 (2016 年冬), 848.

第一章 ·

1 "印证了他们之前的想法": 出自本书作者与 David Anderegg 的交谈,March 2, 2016.

2 "让孩子的想象力肆意驰骋": Ronda Kaysen, "Secret Spaces," *New York Times*, October 16, 2016.

3 "我们需要进入精神世界中的私密空间, 对自己的思想进行审视": Alison Carper, "The Importance of Hide-and-Seek," Couch, *New York Times*, June 30, 2015, https://opinionator.blogs.nytimes.com /2015/06/30/the-importance-of-hide-and-seek/.

4 "未来能否与他人建立亲密关系": 出自 Alison Carper 给本书作者的邮件, July 7, 2015.

5 "失望、悲伤和愤怒情绪": Tracy Gleason, "Dr. Tracy Gleason on Imaginary Friends," Glimpse Journal Blog, September 8, 2010, glimpsejournal.wordpress.com/2010/09/08/dr-tracy-gleason-on-imaginary-friends/.

6 "又该如何应对?": 出自 Tracy Gleason 与本书作者的谈话, March 31, 2017.

7 "既可以是实体, 也可以是幻想中的形象": 出自 Tracy Gleason 与本书作者的谈话, March 31, 2017.

8 "一个可以练习社交技能, 或是安全地体验情绪剧烈起伏的平台": Tracy Gleason, "Murray: The Stuffed Bunny," *Evocative Objects: Things We Think With*, ed. Sherry Turkle (Cambridge, MA: MIT Press, 2007), 170-176.

9 "凭着自己的灵魂去和想象中的他人赤诚相见": Marjorie Taylor and Candice M. Mottweiler, "Imaginary Companions: Pretending They Are Real but Knowing They Are Not," *American Journal of Play 1*, no. 1 (summer 2008), 47, 50.

第二章 · · · · · · · · · · · · · ·

1 "像上帝……一样常存善心"：Jean-Jacques Rousseau, *The Reveries of the Solitary Walker*, trans. Charles E. Butterworth (Indianapolis: Hackett Publishing Company, 1992), 81-82.

2 "单一频率的光波无法携带大量信息"：David R. Smith, "Invisibility: The Power of an Idea," 36th Social Research Conference, New School, New York City, session one, Research and Discovery, April 20, 2017.

3 "但距离做出哈利·波特的'隐形斗篷'还有很长一段路要走"：出自 David R. Smith 给本书作者的邮件，August 18, 2017.

4 "当我们不想看到某件东西，却又想让另一样东西留存于我们的视野之中时"：出自 John Howell 与本书作者在罗彻斯特大学的谈话，July 27, 2015.

5 "并没有想象的那么难"：Arvid Guterstam, Zakaryah Abdulkarim, H. Henrik Ehrsson, "Illusory Ownership of an Invisible Body Reduces Autonomic and Subjective Social Anxiety Responses," https://www.nature.com/articles/srep09831/.

6 "存在不可逾越的鸿沟"：Philip Ball, *Invisible: The Dangerous Allure of the Unseen*, (Chicago: University of Chicago Press, 2015), 281.

第三章 · · · · · · · · · · · · · ·

1 "每只动物身上都映射着它所处的环境"：Kevin A. Murphy, *"Not*

Theories but Revelations" : The Art and Science of Abbott Handerson Thayer (Williamstown, MA: Williams College Museum of Art, 2016).

2 "都需要在必要时刻将自己保护起来": Kevin A. Murphy, *"Not Theories but Revelations"* .

3 "尽量缩小到不会被察觉的幅度": Hugh B. Cott, *Adaptive Coloration in Animals* (London: Methuen & Co Ltd., 1940).

4 "看起来反倒显得愚蠢又不合时宜": Helen Macdonald, "Hiding from Animals," *New York Times Magazine*, July 19, 2015, 16.

5 "在与更大的真相碰撞之时的消亡": Katherine Larson, *Radial Symmetry* (New Haven, CT: Yale University Press, 2011), 12.

6 "这片树林里一处小小的细节": Wendell Berry, "An Entrance to the Woods," in *The Art of the Personal Essay*, comp. Phillip Lopate (New York: Anchor Books, 1995), 673-677.

第四章 · · · · · · · · · · ·

1 "触感比语言或情感接触的作用要强上 10 倍": Diane Ackerman, *A Natural History of the Senses* (New York: Vintage Books, 1990), 77.

2 "因为存在方式的改变而出现认知上的颠覆": Robert Macfarlane, *Landmarks* (New York: Penguin Books, 2015), 104.

3 "或明或暗的陆路与水路": Italo Calvino, *Invisible Cities* (New York: Harcourt, 1978), 88-89.

4 "上方游动的捕食者": Kenneth Chang, "A World of Creatures That Hide in the Open," *New York Times*, August 19, 2014, https://www.nytimes.com/2014/08/19/science/a-world-of-creatures-that-hide-in-the-open.html.

5 "有望凭此技术使'隐形潜艇'成为可能": Molly Cummings, "Invisibility: The Power of an Idea," 36th Social Research Conference, New School, New York City, session one, Research and Discovery, April 20, 2017.

6 "面对压力时的被动性反应": Wallace J. Nichols, *Blue Mind* (New York: Little, Brown, 2014), 109.

7 "借助非智力、潜意识与认知性的方式": Elizabeth R. Straughan, "Touched by Water: The Body in Scuba Diving," *Emotion, Space and Society* 5, no. 1 (February 2012), 19-26.

8 "特定环境能激发相应的情绪体验": Deborah P. Dixon and Elizabeth R. Straughan, "Geographies of Touch/Touched by Geography," *Geography Compass* 4, no. 5 (May 2010), 449-459.

第五章 · · · · · · · · · · · · · · · · · ·

1 "一字不落地回忆完过往的整段人生": Mary Ruefle, "On Erasure" (lecture, Vermont College of Fine Arts, Montpelier, VT, January 2009).

2 "更多地指向'有形'": Mary Ruefle, in conversation with the author, May 25, 2016, Lake Paran, VT.

3 "遗忘过如此多的短语": Jonathan Safran Foer, "Jonathan Safran

Foer's Book as Art Object," interview by Steven Heller, *ArtsBeat* (blog), *New York Times*, November 24, 2010, https://artsbeat.blogs.nytimes.com/2010/11/24/jonathan-safran-foers-book-as-art-object/.

第六章 · · · · · · · · · · ·

1 "反映出文化态度与行为"：出自在贝宁根学院听取的双重性别主题会议纪要，September 4, 2014.

2 "带有不止一个种族的血缘关系"：Bonnie Tsui, "Choose Your Own Identity," *New York Times Magazine*, December 14, 2015, https://www.nytimes.com/2015/12/14/magazine/choose-your-own-identity.html.

3 "皮尤研究中心社会趋势研究主任"：Richard Pérez-Peña, "Report Says Census Undercounts Mixed Race," *New York Times*, June 11, 2015, https://www.nytimes.com/2015/06/12/us/pew-survey-mixed-race-multiracial-america.html.

4 "这具被截肢的身体"：Katy Diamond Hamer, "Ed Atkins, Performance Capture: The Kitchen," *Eyes towards the Dove*, April 27, 2016, http://eyes-towards-the-dove.com/2016/04/ed-atkins-performance-capture-kitchen/.

第七章 · · · · · · · · · · ·

1 "工业化运输系统兴起"：Anthony Raynsford, "Swarm of the

Metropolis: Passenger Circulation at Grand Central Terminal and the ideology of the Crowd Aesthetic," *Journal of Architectural Education* 50, no. 1 (September 1996), 11.

2 "因与大家保持步调一致而感到舒适": Alexandra Horowitz, *On Looking: Eleven Walks with Expert Eyes* (New York: Scribner, 2013), 146.

3 "每个人内心深处都有一种依靠他人的热望": 出自 Michael Lockwood 与本书作者的通话，May 23, 2016.

4 "这就是人们愿意互相帮助的原因": 出自 Michael Lockwood 与本书作者的通话，May 23, 2016.

5 "是我乐于继续探索的": Elena Ferrante, "'Writing Has Always Been a Great Struggle for Me': Q. and A.: Elena Ferrante," interview by Rachel Donadio, *New York Times*, December 9, 2014.

6 "敢于公开自己的真实身份": Susan Cheever, "Is it Time to Take the Anonymous out of AA?," *The Fix*, April 7, 2011, https://www.thefix.com/content/breaking-rule-anonymity-aa.

第八章 · · · · · · · · · · · · · · · ·

1 "已然看到她不知何时出现在了观众席间": Philip Ball, *Invisible: The Dangerous Allure of the Unseen* (Chicago: University of Chicago Press, 2015), 195.

2 "使她变得有血有肉起来，对她自身而言意义重大": Manohla Dargis, "Review: 'Hello, My Name Is Doris' about an Older Woman's Love for

a Much Younger Man," *New York Times*, March 10, 2016.

3 "整体面貌、权威感及表达方式": Francine du Plessix Gray, "The Third Age," *The New Yorker*, February 26, 1996, 188.

4 "女性也惯于将自身视作物体": 出自 Alison Carper 与本书作者在纽约市的交谈，April 1, 2016.

5 "辨别他人的情绪状况": Ana Guinote, Ioanna Cotzia, Sanpreet Sandhu, and Pramila Siwa, "Social Status Modulates Prosocial Behavior and Egalitarianism in Preschool Children and Adults," *PNAS* 112, no. 3 (January 20, 2015), 731-736.

6 "仿佛拥有了一种能接纳任何所接触到的东西的亲和力": Vera Lehndorff and Holger Trülzsch, *Veruschka: Trans-Figurations* (Boston: Little, Brown, 1986), 145.

第九章 · · · · · · · · · · · · · · ·

1 "'感受到了'橡胶手被刷的刺激感": Anil Ananthaswamy, *The Man Who Wasn't There: Investigations into the Strange New Science of the Self* (New York: Dutton, 2015), 74.

2 "双重视角": Anil Ananthaswamy, *The Man Who Wasn't There: Investigations into the Strange New Science of the Self* (New York: Dutton, 2015), 199.

3 "我反而觉得自己像个隐形人": 出自 Dr. James Rohrbaugh 与本书作者的谈话，September 26, 2016.

4 "交友的要求等一切偏好"：Daniel Gilbert, "The Psychology of Your Future Self," 出自 2014 年 TED 大会上的演讲视频第 6 分 46 秒，https://www.ted.com/talks/dan_gilbert_you_are_always_changing.

5 "有的甚至已经完全消失"：Mathew A. Harris, Caroline E. Brett, Wendy Johnson, and Ian J. Deary, ed. Ulrich Mayr, "Personality Stability from Age 14 to Age 77 Years," *Psychology and Aging* 31, no. 8 (December 2016), 862-874.

第十章 · · · · · · · · · · · · · · ·

1 "和各种超自然生物生存其中"：Terry Gunnell, "Legends and Landscapes in the Nordic Countries," *Cultural and Social History: The Journal of the Social History Society* 6, no. 3 (2009), 305-322.

2 "从旁以间接的方式加以试探"：Priyamvada Natarajan, "Invisibility: The Power of an Idea," 36th Social Research Conference, New School, New York City, session one, Research and Discovery, April 20, 2017.

3 "几乎没有什么政府文件会反映出这种情况"：Gunnell, "Legends and Landscapes," 305-322.

4 "无形与可见的世界在此融为一体"：Peter J. Gomes, *Th Good Book* (New York: HarperCollins, 2002).

5 "了解我们所处的环境"：Tiffanie Wen, "Can Virtual Reality Make You a Better Person?," BBC Future, October 1, 2014, www.bbc.com/future/story/20141001-the-goggles-that-make-you-nicer.

第十一章 ·

1 "每个人都又惊又喜"：出自 Mark Skwarek 与本书作者的对话，May 6, 2016.

2 "想象人类在宇宙中的位置"：Anna North, "What If We Lost the Sky?," Op-Talk (blog), *New York Times*, February 20, 2015, op-talk.blogs. nytimes.com/2015/02/20/what-if-we-lose-the-sky/.

3 "融入全人类的大家庭中"：Paul K. Piff and Dacher Keltner, "Why Do We Experience Awe?," *New York Times*, May 24, 2015.

4 "引发一种近似隐喻的自我渺小感"：Paul K. Piff, Pia Dietze, Matthew Feinberg, Daniel M. Stancato, and Dacher Keltner, "Awe, the Small Self, and Prosocial Behavior," *Journal of Personality and Social Psychology* 108, no. 6, June 2015, 883-89.

5 "向世界展示的第一张名片"：Alan Lightman, *The Accidental Universe* (New York: Vintage Books, 2014), 86.

6 "从此走上自由之路"：Jacob Needleman, *I Am Not I* (Berkeley, CA: North Atlantic Books, 2016), 53.

7 "我倒觉得这样也挺好的"：Mark Strand, "Mark Strand: Not Quite Invisible," 访谈者为 Nathalie Handal, *Guernica*, April 15, 2012, https://www. guernicamag.com/not-quite-invisible/.

8 "戴着水肺和呼吸器的'潜水队'"：Hope Ginsburg, *Land Dive Team: Bay of Fundy*, "Explode Every Day: An Inquiry into the Phenomena of Wonder," MASS MoCA, North Adams, MA, May 28, 2016-March 19, 2017.

9 "无形化作有形的载体"：John O'Donohue, "The Inner Landscape of Beauty," 访谈者为 Krista Tippett, *On Being*, August 31, 2017, https://onbeing.org/programs/john-odonohue-the-inner-landscape-of-beauty-aug2017/.

致谢

　　研究"隐形"状态是一个依赖于人类经验与感知的微妙过程，因此格外耗费心力。好在周围有一些人，以各种各样的研究成果、知识、洞察、回忆、建议、指导及推论帮助着我。在此，我想特别感谢的人包括：大卫·安德雷格、阿尔门·巴比吉安博士（Dr. Armen Babigian）、卡罗琳·布鲁克斯（Carolyn Brooks）、迈克尔·伯卡德（Michael Burkard）、艾莉森·卡珀、罗恩·科恩（Ron Cohen）、安娜·克拉布特里（Anna Crabtree）、萨姆·德弗里斯（Sam DeVries）、卡罗尔·菲利普斯·尤因（Carol Phillips Ewin）、特蕾西·格利森、卡琳·戈德堡（Carin Goldberg）、洛根·古德曼（Logan Goodman）、斯科特·格拉夫顿、凯文·哈林顿（Kevin Harrington）、帕姆·哈特（Pam Hart）、丹·霍夫施塔特（Dan Hofstadter）、阿什莉·霍利斯特（Ashley Hollister）、凯瑟琳·汉普斯通（Katherine Humpstone）、乔舒亚·贾菲博士（Dr. Joshua Jaffe）、安妮·克里默（Anne Kreamer）、弗朗西斯卡·拉帕斯塔、希瑟·李（Heather Lee）、迈克尔·洛克伍德、迈克尔·洛宁（Michael

Loening）、迈克尔·麦克特威根（Michael McTwigan）、马戈·门辛（Margo Mensing）、埃米莉·纳奇逊（Emily Nachison）、詹姆斯·罗哈博夫（James Rohrbaugh）、诺艾尔·鲁克塞尔-卡伯利（Noelle Rouxel-Cubberly）、邦妮·鲁佩斯科·夏皮罗（Bonnie Loopesko Shapiro）、贝琪·谢尔曼（Betsy Sherman）、布鲁克·西佩尔（Brooke Sippel）、阿莱娜·史密斯（Alena Smith）、大卫·R. 史密斯、道格·史密斯（Doug Smith）、简·史密斯（Jane Smith）、阿普丽尔·斯坦恩（April Stein）、阿斯特利德·斯托姆牧师（Reverend Astrid Storm）、克里斯蒂娜·斯瓦内（Christina Svane）、莉娜伊亚·蒂利特（Linnaea Tillett）和马克·温德里奇。

我还想特别感谢企鹅出版社（Penguin Press）的责任编辑安·古道夫（Ann Godoff），尽管本书主题从一开始就颇为隐晦，但所幸她愿为伯乐，用自己的专业、细致与敏锐为本书保驾护航，直至顺利出版。此外，她还时刻保持警觉，用十足的务实主义精神解决了面临的一个又一个问题。我还想感谢凯西·丹尼斯（Casey Denis），谢谢她的工作效率，以及坚定不移的耐心和永远让人感到亲切的善意。还有威尔·海沃德（Will Heyward），每至关键时刻，我总能有幸倾听他在编辑领域的深刻洞见与鼓励。其他我想感谢的人还包括：安吉莉娜·克拉恩（Angelina Krahn），谢谢她对文本中的遣词造句一丝不苟的态度；格雷琴·阿基利斯（Gretchen Achilles）和达伦·哈格（Darren Haggar），谢谢他们以优雅而巧妙的视觉手段为本书思想注入精神；加布里埃尔·莱文森（Gabriel Levinson），谢谢他对文字的精准把控并为各种问题思虑周全；朱莉安娜·基扬（Juliana Kiyan）和凯特琳·欧肖内西（Caitlin O'Shaughnessy），谢谢她们的努力，才能使这本书成功面世；我的图书代理商艾伯特·拉法基（Albert LaFarge），谢谢他长期以来为我们的合作伙伴关系带来的忠告、支持与热情；位于意大利温贝尔蒂德的奇维泰拉·拉涅里基金会（Civitella Ranieri Foundation），在这里，本书的中心思想得以涌现；霍诺尔·琼（Honor Jone），谢谢他在本书思想尚处萌芽之际便为我与出版社牵线搭桥。最后，我要感谢我的丈夫布莱恩，以及儿子诺埃尔和卢克。有你们陪我度过漫漫人生，是我毕生最大的幸运。

无隐私时代

[美] 阿奇科·布希 (Akiko Busch) 著
郑澜 译

HOW TO DISAPPEAR
by Akiko Busch

图书在版编目 (CIP) 数据

无隐私时代 / (美) 阿奇科·布希著；郑澜译. —
北京：北京燕山出版社，2021.6
书名原文：How to Disappear: Notes on
Invisibility in a Time of Transparency
ISBN 978-7-5402-6070-5

Ⅰ.①无… Ⅱ.①阿…②郑… Ⅲ.①人际关系－研
究 Ⅳ.① C912.11

中国版本图书馆 CIP 数据核字 (2021) 第 051697 号

北京市版权局著作权合同登记号 图字：01-2020-7732 号

选题策划	联合天际·王 微	
特约编辑	节晓宇　宁书玉	
美术编辑	梁全新	
封面设计	木　春	

责任编辑	战文婧　郭 扬
出　　版	北京燕山出版社有限公司
社　　址	北京市丰台区东铁匠营苇子坑 138 号嘉城商务中心 C 座
邮　　编	100079
电话传真	86-10-65240430 (总编室)
发　　行	未读 (天津) 文化传媒有限公司
印　　刷	三河市冀华印务有限公司
开　　本	787 毫米 ×1092 毫米　1/32
字　　数	200 千字
印　　张	8.0 印张
版　　次	2021 年 6 月第 1 版
印　　次	2021 年 6 月第 1 次印刷
书　　号	ISBN 978-7-5402-6070-5
定　　价	55.00 元

关注未读好书

未读 CLUB
会员服务平台